rororo sport
Herausgegeben von
Bernd Gottwald

Adrian Voßkühler

Jonglieren

Vom Anfänger
zum Könner

Mit Zeichnungen von
Matthias Wagner

rororo

Rowohlt

Originalausgabe
Veröffentlicht im Rowohlt Taschenbuch Verlag GmbH,
Reinbek bei Hamburg, Januar 1994

Redaktion Sven Brouwers
Umschlaggestaltung Peter Wippermann / Jürgen Kaffer
(Grafik Matthias Wagner)
Layout Joachim Düster
Satz aus der Palatino und der Univers (Linotronic 500)
Gesamtherstellung Clausen & Bosse, Leck
Printed in Germany
1890-ISBN 3 499 19434 1

Inhalt

Vorwort

Dieses Buch ist für alle geschrieben, die Spaß an einer Kunst haben wollen, die Zuschauer und Lernende begeistern wird. Jeder Jongleur ist nicht nur selbst fasziniert von den Bewegungen und unendlichen Möglichkeiten, sondern er wird auch merken, wie viele Menschen sich an diesem Schauspiel erfreuen – auch wenn man anfänglich nur wenige Jongliermuster beherrscht.

Ich habe bei meinen Übungsstunden erlebt, wie sich kleine Kinder, die sich noch unvoreingenommen und ohne Scheu freuen können, vor mich auf die Wiese gesetzt haben und fragten: «Du, wie geht das? Ich will das auch machen.» Andere sagten: «Ich kann das auch», griffen sich dann zwei Bälle, warfen sie in die Luft, klatschten in die Hände und kreischten. Es gab auch Kinder, die mir, obwohl gar kein Hut auf der Wiese stand, 2 Groschen hinlegten, und dann ganz schnell wegliefen. Besonders auffällig waren aber die Erwachsenen. Sie saßen auf Bänken oder spazierten mit ihren Kinderwagen umher, und wenn man sie zufällig ansah, schauten sie ganz schnell in eine andere Richtung, oder sie flüsterten, erst als ich wieder mit dem Rücken zu ihnen stand, zu ihren Kindern: «Guck mal, da jongliert einer.» Jonglieren und dabei seine Umgebung beobachten kann höllischen Spaß machen.

Dieses Buch soll dir die schönsten und vielseitigsten Muster beibringen. Es ist jedoch nur ein kleiner Teil der Muster, die mit drei, vier oder fünf Bällen möglich sind. Herausgefordert ist dein Einfallsreichtum, und dem wird dieses Buch viele Anregungen geben.

Herzlichen Dank an Sebastian Höher, der mir die Anfänge des Jonglierens und Einradfahrens beibrachte, mich damit für immer faszinieren konnte und mir die Anregung für dieses Buch gab. Dank ihm und meinen Eltern für die Durchsicht des Manuskriptes. Dank Jens Luckwaldt, Hanna Neumann und Ben N. Hoffmann für erste Anregungen. Vor allem aber Dank an Matthias Wagner für die gelungenen Zeichnungen und die gute Zusammenarbeit.

1. Einleitung

Ausrüstung

Jonglierobjekte sollen folgende Eigenschaften haben, sie sollen

- ○ sich gut werfen und fangen lassen
- ○ nicht wegrollen, wenn man sie fallen läßt
- ○ niemandem weh tun
- ○ robust und langlebig sein
- ○ nicht sehr teuer sein
- ○ schön aussehen
- ○ helle Farben haben

Alle diese Eigenschaften sind besonders für den Anfang wichtig. Spezielle Jonglierbälle (Bean-Bags) vereinigen diese Eigenschaften, sie sind gute Übungsbälle, mit denen du am besten anfängst. Kaufen kann man sie mittlerweile in normalen Sportgeschäften oder in Läden für Artistik- und Jonglierbedarf. Auch Seidentücher sind für den Anfang sehr hilfreich, wenn man erst einmal das Prinzip verstehen möchte.

Wenn du keine Jonglierbälle hast, übe mit anderen Bällen, die ungefähr Tennisballgröße haben. Mit Tennisbällen selbst läßt sich auch üben. Besser ist es jedoch, die Tennisbälle für das Jonglieren folgendermaßen zu präparieren:

Ritze in einen Tennisball eine ein bis zwei Zentimeter lange Öffnung und fülle den Ball mit Erbsen, Reis, Kieselsteinen oder ähnlichem. Umwickle nun den so präparierten Ball mit Klebeband, so daß die Ritze wieder zugeklebt wird und er eine schöne Farbe bekommt.

Fertig!

Oder du bastelst dir einen eigenen Bean-Bag: (s. nächste Seite)

Dies sind drei Nähmuster für drei verschieden geformte Bälle. Nimm schönen, reißfesten und kaum dehnbaren Stoff, schneide ihn nach einem der Muster zurecht und nähe ihn entlang der durchgezogenen Linie zusammen (Innenseite nach außen). Du mußt bei der letzten Naht eine Lücke von etwa 2 cm lassen, damit du jetzt die richtige Außenseite nach außen ziehen kannst. Fülle die Hülle mit Reis, Erbsen oder Bohnen und nähe die Lücke von außen zu. Gib dir bitte große Mühe, soviel Reis wie möglich in die

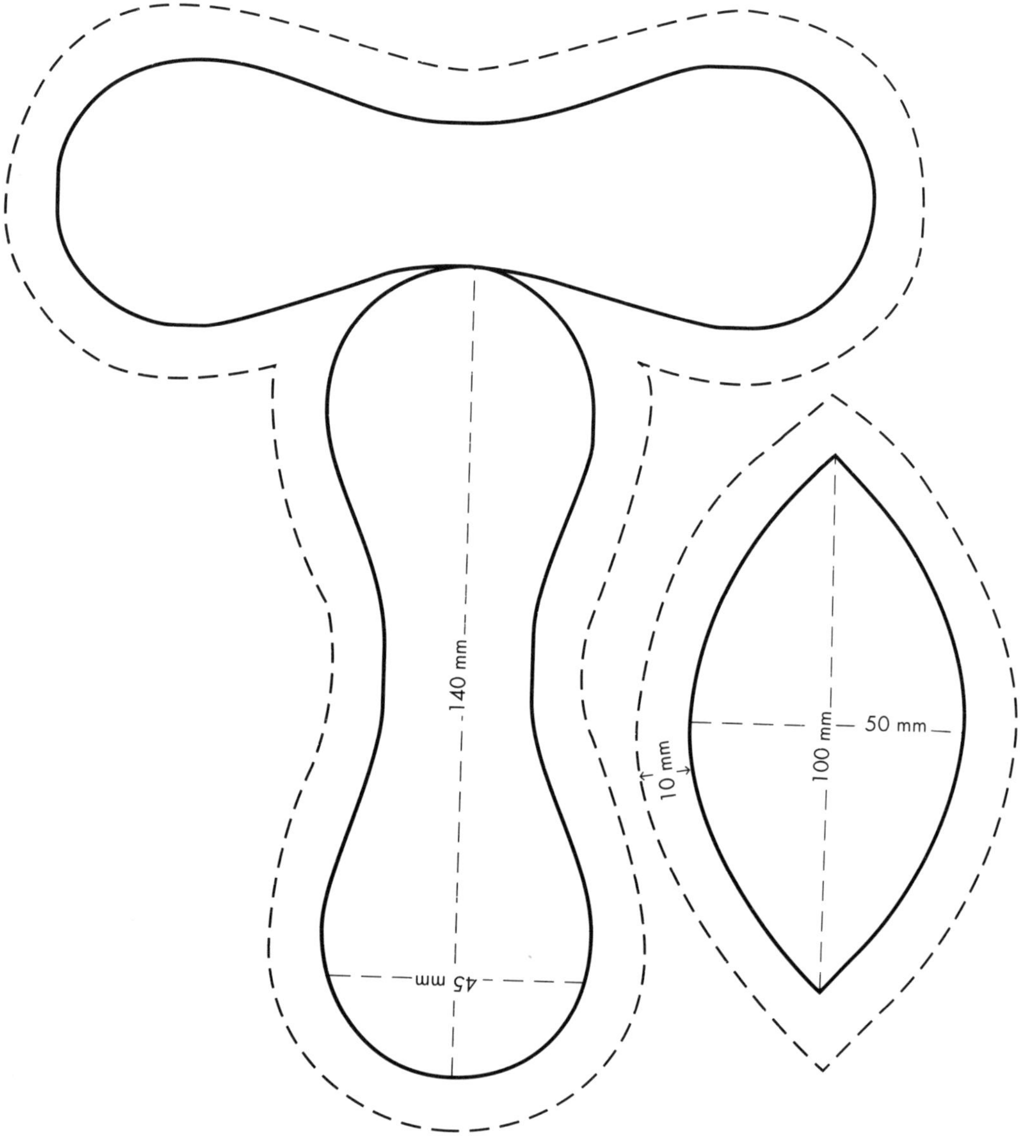
140 mm
45 mm
100 mm
50 mm
10 mm

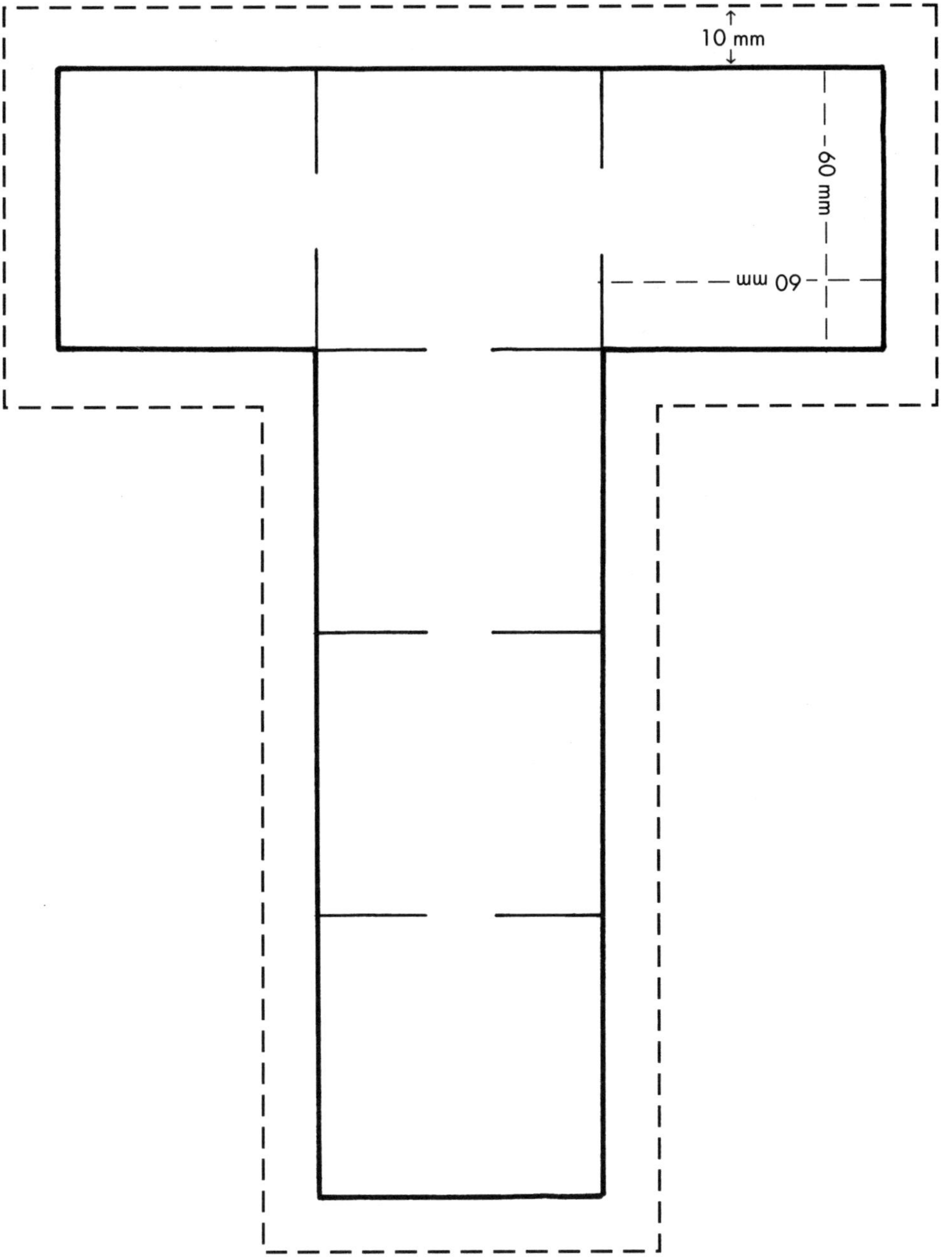
10 mm
60 mm
60 mm

Hülle hineinzupressen, denn sonst werden die Bälle nach kurzer Zeit sehr lasch!

Schon hast du einen wunderbaren Jonglierball, der nicht wegspringt, nicht weh tut und sich wunderbar werfen und fangen läßt. Achte darauf, daß der Stoff nicht zu dick, aber dafür fest ist, und fülle ihn nicht mit scharfen oder pulverförmigen Dingen. Milchreis oder Sesamkörner eignen sich hervorragend als Füllstoff.

WICHTIG: Benutze unbedingt eine Nähmaschine und nimm zuerst den feinsten geraden Stich. Dann übernähe den überstehenden Rand mit dem kleinsten Kreuzstich der Maschine und gib dir große Mühe beim Vernähen, denn sonst platzt das Kunstwerk schnell wieder auf.

Du benötigst für einen Ball anfangs ca. 2 Stunden, aber es lohnt sich, und nach den ersten 20 hauseigenen Fabrikaten kannst du ja welche verkaufen. (Die Bälle eignen sich gut als Geschenke.)

Erst wenn man viel Sicherheit hat, kann man auch mit anderen Objekten jonglieren. Dabei sind der Phantasie kaum Grenzen gesetzt. Jonglierobjekte für Anfänger und Könner sind zum Beispiel: Jonglierbälle, Tücher, Tennisbälle, Billardkugeln, Salzstreuer, Basketbälle, Eier ...

Wo kann man jonglieren?

Zum Jonglieren braucht man nicht viel Platz. Eine Telefonzelle reicht für die einfacheren Muster vollkommen aus. Zum Üben sollte man ungefähr 10–20 m^2 haben, mit möglichst wenig Gegenständen in diesem Umkreis. Über deinem Kopf sollten auch noch ungefähr 2–20 m Platz sein. Wenn es draußen trocken ist und nicht unter 5 °C, mußt du auf alle Fälle entweder in den nächsten Park, in den Garten vor der Tür oder irgendwo sonst nach draußen gehen, da man dort nicht so eingeschränkt ist wie in einer Wohnung mit möglicherweise kostbaren Gegenständen im Zimmer.

Eine trockene, gemähte Wiese mit etwas Schatten im Frühling, Sommer und Spätsommer und eine Turnhalle, eine leergeräumte Zimmerecke mit Matratze oder eine Bühne im Winter sind ideal. Schatten ist im Sommer sehr vorteilhaft, da man erstens nicht so schnell schwitzt und zweitens davor geschützt wird, in die Sonne zu sehen.

Wenn es draußen nicht regnet, aber noch naß ist, dann benutze keine Stoffbälle, denn wenn sie dir herunterfallen, blähen sie sich auf und platzen.

Auch wenn du Kunststoffbälle benutzt, ist Nässe immer ein bißchen unangenehm, denn du bekommst durch die Feuchtigkeit der Bälle schnell kalte Finger. Außerdem schmerzen nicht perfekt gefangene Bälle in der Hand. Doch echte Jongleure kann auch Regen nicht aufhalten. Sie balancieren einen Regenschirm auf dem Kopf und jonglieren mit Handschuhen.

Das sind nur Vorschläge, denn jeder Jongleur hat andere Vorlieben, und du solltest einfach ausprobieren, wo in deiner Umgebung der geeignetste Übungsort ist.

WICHTIG: Auf alle Fälle solltest du dir angewöhnen, vor Publikum zu jonglieren. Am einfachsten ist das, wenn du in einem Park jonglierst, da stehst du nicht unter Druck, weißt aber, daß du beobachtet wirst.

Übungsdauer

Die Übungsdauer hängt entscheidend von deinem Elan und deiner Geschicklichkeit ab. Wenn man konzentriert 1–2 Stunden (es kann auch länger sein) übt, wird man gute Erfolge erzielen. Am sinnvollsten ist es, sich in einem festgelegten Zeitraum von mindestens 3 Tagen täglich 2 Stunden eine Nummer zusammenzustellen oder intensiv an einem Muster zu arbeiten, bis man es sicher kann.

Die wenigsten werden sich soviel Zeit nehmen, um pro Woche 6 Stunden zu jonglieren. Der anfängliche Elan schwindet besonders bei den ersten Übungen sehr schnell, aber denke daran: Kannst du die ersten drei Muster, dann ist die Hürde übersprungen.

Meistens übt man im Frühling und Sommer viel mehr als im Winterhalbjahr. Jonglieren ist aber immer ein Vergnügen!

Kann man einmal ein Muster sicher, verlernt man es nie wieder. Es ist wie beim Fahrradfahren oder Schwimmen. Nur viel kreativer. Man muß es aber wirklich (!) können.

Jonglieren und Musik

Jonglieren ist etwas außerordentlich Musikalisches. Jede Übung hat ihren eigenen Rhythmus. Ich habe mir angewöhnt, beim Üben Musik zu hören. Es gibt sehr viele Jongleure, die zu ihren Nummern bestimmte Musiken laufen lassen. Es ist schwer, und man braucht Musikalität, um diese Art von Nummern exakt vorzuführen, wer jedoch mit und nach Musik jongliert, dem vergeht die Zeit wie im Fluge, und es ist ein konzentrierteres Training möglich, da man nicht so oft angesprochen und gestört wird. Nimm am besten abwechslungsreiche, schnelle Musik mit einem regelmäßigen Beat, um das klatschende Fangen der Bälle genau dem Rhythmus der Musik anpassen zu können.

Rechts oder links?

Beim Jonglieren wirst du merken, daß du eine «starke» und eine «schwache» Hand hast. Wenn du Rechtshänder bist, ist deine starke Hand die rechte, sie ist einfach durch ständigen Gebrauch besser trainiert. Deine «schwache» Hand ist nicht so geschickt, sie wirft und fängt schlechter. Beim Jonglieren kannst du dir aber eine schwache Hand nicht leisten. Um die schwächere Hand zu trainieren, solltest du

- ○ die üblichen Alltagsbewegungen (Essen, Zähneputzen) für Tage, Wochen, Monate mit der schwachen Hand probieren,
- ○ darauf achten, daß beim Jonglieren beide Hände gleichmäßig beansprucht werden.

Noch etwas: Beim Jonglieren sind die Hände vollkommen gleichberechtigt. Alle Linkshänder ersetzen immer rechts durch links und umgekehrt. Bei der Partnerjonglage müssen sich «Andershändige» einfach einigen, wer flexibler ist.

Tips & Tricks

- Die Art und Weise des Werfens und Fangens wird als *JONGLIERMUSTER* bezeichnet.
- Bei Übungsbeginn sollte ein Ziel für den Übungszeitraum feststehen, und man sollte nicht aufhören, bevor dieses Ziel erreicht ist. Man sollte sich das Ziel so stecken, daß es erreichbar ist (Beispiel: Heute schaffe ich 20 Würfe Kaskade).
- Setze dir mittelfristige Ziele; sie erhöhen deinen Übungseifer. Nimm dir also vor, beim nächsten Kindergeburtstag eine fehlerfreie Vorstellung von ca. 90 sec zu geben.
- Es ist ein erhebendes Gefühl, ein Muster sicher zu beherrschen, deswegen empfehle ich, nicht alles auf einmal lernen zu wollen, sondern sich langsam, aber sicher an das Könnenerstadium heranzuarbeiten.
- Geduld ist für jeden Jongleur eine unerläßliche Tugend, die erlernt werden muß!

- Arbeite also intensiv an einem oder mehreren Mustern so lange, bis du sicher bist.
- Ehrgeiz und besonders Phantasie machen das Jonglieren zu einer wunderschönen und abwechslungsreichen Sportart. Sportart, weil man nicht denken sollte, daß es einfach ist, zwei Stunden lang drei oder mehr Bälle in der Luft umherzuwirbeln bzw. vom Boden aufzuheben. Das kostet anfangs viel Kraft und Konzentration, aber wen erst einmal das Jonglierfieber gepackt hat, der ist fit für alle Zeiten.
- *ZÄHLEN:* Beim Jonglieren allein sowie bei der Partnerjonglage wird gezählt: Nur der Wurf eines Balles *AUS DER RECHTEN HAND* zählt als *Wurf.*

Beispiel: Wenn du mit rechts-links-rechts-links viermal einen Ball losgeworfen hast, dann hast du *vier halbe Würfe* gemacht, *also* nur *zwei echte Würfe.*

- Konzentration ist ein Schlüsselwort beim Jonglieren. Sie ist die Voraussetzung für Erfolg.
- Jongliermuster tragen Namen. Einige Namen haben sich in der Jonglierszene durchgesetzt, wie z. B. «Kaskade» oder «Shower». Gelegentlich werden aber auch diese Bezeichnungen noch vertauscht. Andere Jongliermuster werden von verschiedenen Jongleuren unterschiedlich bezeichnet, obwohl das Muster dasselbe ist. Im Buch stehen die gebräuchlichen Bezeichnungen sowie eigene andere anschauliche Namen.
- Wo immer du Menschen findest, die du mit dieser Kunst begeistern kannst, vermittle ihnen das Vergnügen, bringe ihnen das Jonglieren bei, denn als Lehrer lernst du sehr viele Sachen dazu, die du sonst übersehen hättest. Wenn deine Schüler kreativ sind, erfinden sie neue Muster, und ihr könnt dann tolle Muster zu zweit, zu dritt oder zu dreißig jonglieren.
- Egal, was du machst oder wo du hingehst: Nimm immer (wenigstens drei) Bälle mit, die Möglichkeit zum Jonglieren ergibt sich oft durch Zufall!
- Dem Erfindungsreichtum sind keine Grenzen gesetzt.

Aber – ohne Üben kein Erfolg

Wie man mit diesem Buch lernt

Du kannst beim Lernen genau nach dem Buch vorgehen: Schritt für Schritt und Seite für Seite. Du kannst aber auch die eine oder andere Übung oder das eine oder andere Muster erst einmal auslassen, um später darauf zurückzukommen. Beim Lernen und Üben wirst du merken, daß dir einige Muster gut liegen und viel Spaß machen, andere weniger. Versuche, im Lauf der Zeit so viele Muster wie möglich zu lernen, und setze erst, nachdem du dir einen Überblick verschafft hast, Schwerpunkte beim Üben. Es ist gut, wenn du zuerst ein solider Handwerker wirst. Dein Handwerk ist die Grundlage dafür, daß du auch ein Künstler wirst.

Jedes Muster ist in diesem Buch in vier Abschnitte unterteilt:

Lernschritte

Tips

Bilder

Übungen

Du lernst das Muster, indem du die Lernschritte systematisch durchgehst. Dann mußt du das eben Erlernte noch mit Hilfe der Übungen festigen. Sie machen die Jonglage ruhiger und sicherer. Die Tips und die Bilder erleichtern das Lernen, eröffnen neue Gesichtspunkte und bieten auch etwas für das Auge.

Am Ende jedes Kapitels befindet sich ein Test. Er zeigt dir, ob du die geübten Muster auch wirklich beherrschst. Jongliere ihn auf jeden Fall durch, er ist meistens nicht zu schwer.

Die Zahlen in den Klammern hinter den Lernschritten und Übungen kennzeichnen, wie oft du diesen Schritt wiederholen sollst, um ihn richtig zu lernen.

Laß dich von großen Zahlen nicht erschrecken, die Lernschritte oder Übungen gehen meistens ganz schnell oder sind ganz besonders wichtig.

2. Die ersten Jongliermuster

Kaskade

Die Dreiballjonglage ist die Königin des Jonglierens. Sie ist die vielfältigste Disziplin dieser Kunst. Die Kaskade ist das erste Muster, das jeder werdende Jongleur lernt.

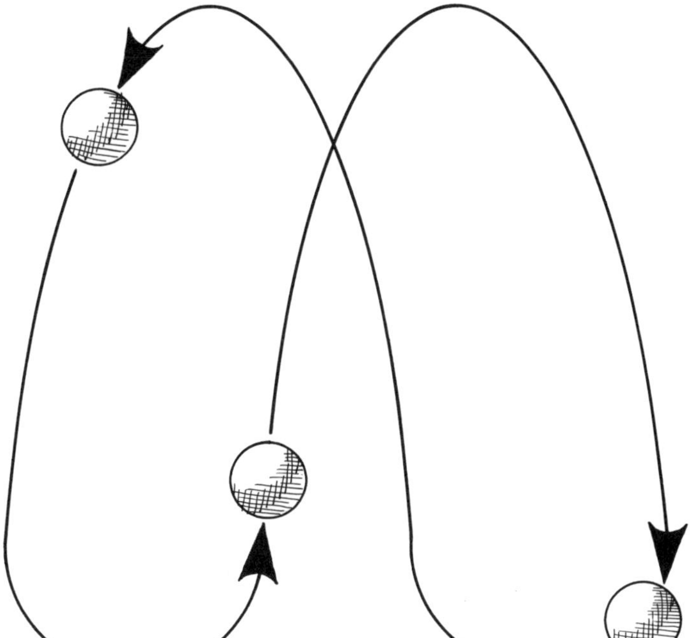

Lege dazu drei Bälle bereit und stelle dich wie folgt hin:

Die Unterarme sind im rechten Winkel zum Körper und parallel zueinander nach vorne gerichtet, Handflächen nach oben. Die Oberarme sind locker am Körper, so wie sie wären, wenn du deine Arme hängen ließest. Du mußt dir vorstellen, daß du ein Tablett trägst. Es ist wichtig, daß dir die Position angenehm ist und du dich nicht verkrampfst. Achte darauf, daß die Schultern locker und nicht hochgezogen sind. Die Augen sind auf die Stelle gerichtet, an der alle Bälle vorbeikommen. Deine Augen sollten auf keinen Fall jedem einzelnen Ball folgen, da du bei drei Bällen damit Schwierigkeiten bekommst.

1. Nimm zuerst nur einen Ball in die rechte Hand und wirf ihn in hohem Bogen über Kopfhöhe in die linke Hand und wieder zurück. (50 ×)
   Geschafft? Wunderbar!

Wenn alle fünfzig Würfe mit einem Spielraum von 10 cm dieselbe Höhe hatten, warst du phantastisch.

2. Jetzt wird's schwierig! Nimm zwei Bälle, einen in die rechte und einen in die linke Hand. Wirf den Ball aus der rechten Hand so hoch wie sonst. Wenn er sich im oberen Umkehrpunkt befindet, wirf den Ball aus der linken Hand in ebenso hohem Bogen los und fange den ersten Ball mit der linken und den zweiten mit der rechten Hand, so daß sie jetzt vertauscht in den Händen liegen. (50 ×)
3. Beginne mit links. Wirf den Ball aus links hoch, und wenn er wieder herunterkommt, wirf den Ball aus rechts hoch, fange den ersten Ball mit rechts und den zweiten mit links. (50 ×)
   Geschafft? Gut!

Manche brauchen für diese Schritte 2 und mehr Stunden, und manche schaffen das in einer Viertelstunde.

Nun geht es weiter: (Wenn du dich unsicher fühlst, wiederhole die Schritte 1–3 noch 3mal.)

4. Nimm jetzt 3 Bälle, lege davon 2 in die rechte und einen in die linke Hand. In der rechten Hand wird der vordere Ball von Daumen, Zeigefinger und Mittelfinger gehalten, der andere wird zwischen Handfläche, kleinem und Ringfinger eingeklemmt (*s. Zeichnung*). Wirf den vorderen Ball (Nr. 1) der rechten Hand in hohem Bogen in die andere Hand; wenn er am Umkehrpunkt ist, wirf den Ball aus der linken Hand (Nr. 2) hoch und fange mit links den ersten Ball. Jetzt müßte Nr. 2 (der aus links) am Umkehrpunkt sein, so daß du den zweiten Ball der rechten Hand (Nr. 3), wiederum in hohem Bogen, loswerfen kannst, um mit rechts Nr. 2 und abschließend mit links Nr. 3 zu fangen. (50 ×)

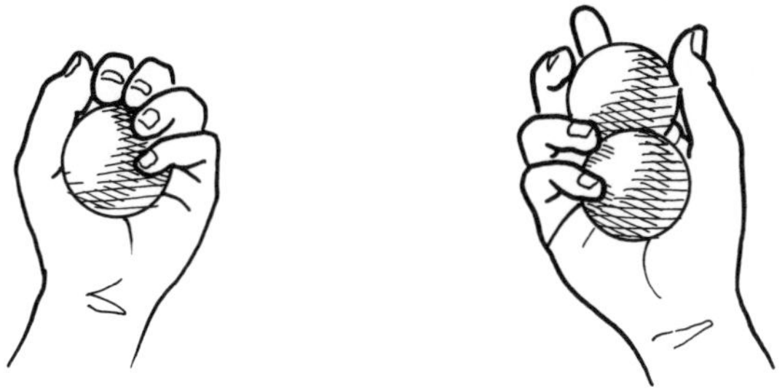

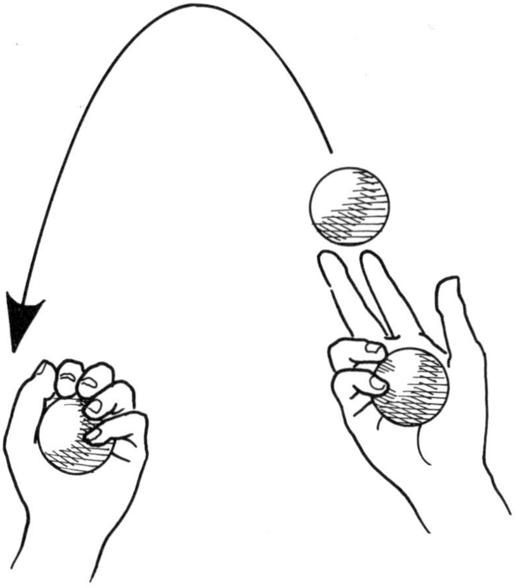

Jetzt hast du zwei Bälle in der linken und einen in der rechten Hand. Stimmt's?

5. Nun beginne mit links: Zwei links, einer rechts, und los geht's (50 ×): werfen-werfen-fangen-werfen-fangen-fangen.

Geschafft? Klasse! Nicht verzweifeln!

6. Jetzt kannst du dir selbst aussuchen, wie oft du die Bälle loswirfst, und zwar so, daß du immer abwechselnd rechts-links-rechts-links-rechts-... die Bälle hochwirfst und mit der anderen Hand links-rechts-links-rechts-links-... fängst. Bisher hast du nur 3 halbe Würfe hintereinander gemacht. Steigere dich und mache vier, fünf... halbe Würfe, aber vergiß

nicht, die herunterkommenden Bälle wieder zu fangen. Beende jede Folge von Würfen zu einem von dir bestimmten Zeitpunkt sicher mit dem korrekten Fangen aller noch fliegenden Bälle.

Eigentlich ist es doch ganz einfach. Du wirfst rechts hoch, links hoch, fängst links, wirfst rechts, fängst rechts, wirfst links, fängst links, wirfst rechts, fängst rechts, wirfst links, fängst links, wirfst rechts, fängst rechts, wirfst links, fängst links, wirfst rechts, fängst rechts, wirfst links, fängst links . . ., fängst rechts!

Hast du's?

Tips:

- Deine Hände vollführen kleine Kreise von außen nach innen (wie zwei Uhrzeiger: linke Hand gegen den Uhrzeigersinn, rechte Hand im Uhrzeigersinn).

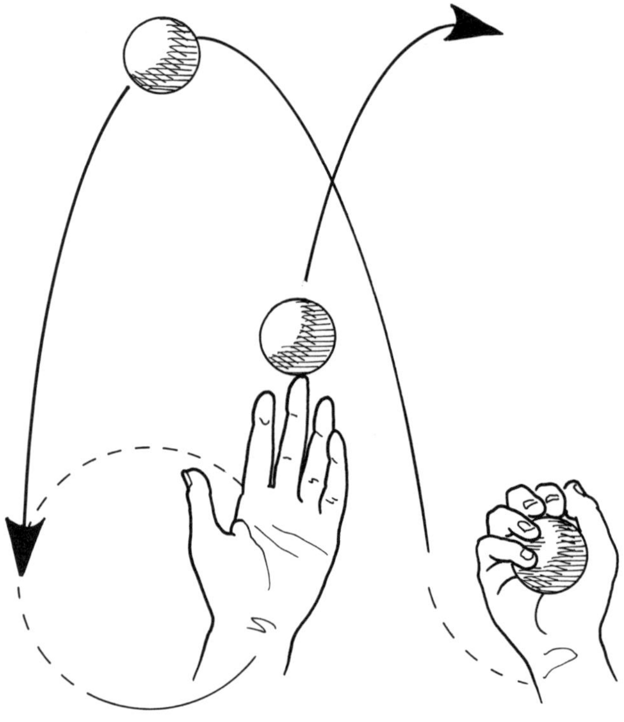

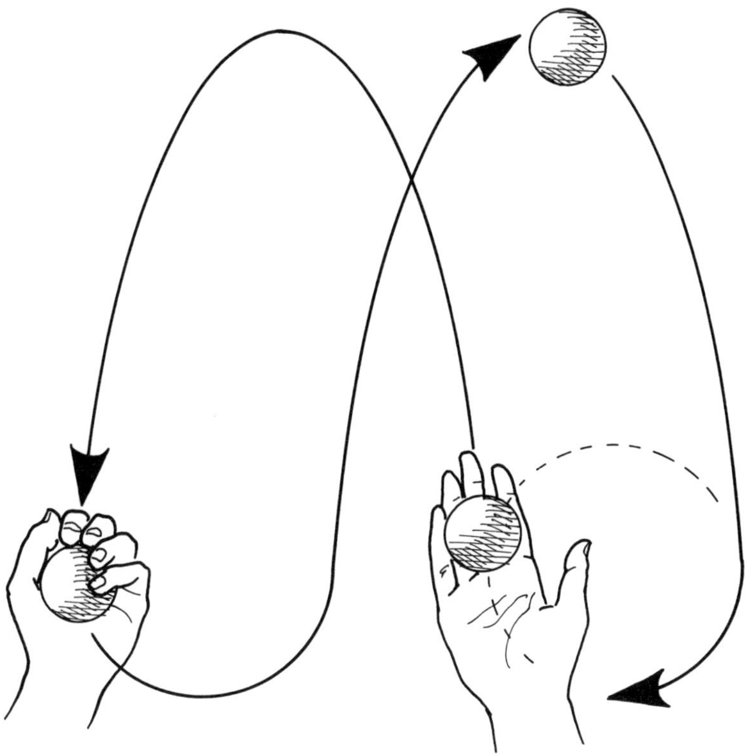

- *Achte auf die Flugbahnen der Bälle:* Sämtliche geworfenen Bälle müssen sich in einer Ebene parallel zu deinem Körper bewegen; sie dürfen nicht nach vorne geworfen werden.
- Die Bälle müssen alle in der gleichen Höhe ihren Umkehrpunkt haben.
- Nimm verschiedenfarbige Bälle.
- Wandere nicht beim Jonglieren! Wenn du immer Schritte machst, um die Bälle noch zu erreichen, dann knie dich notfalls hin, um das zu unterbinden.
- Greife nicht nach den Bällen, sondern laß die Arme in der Stellung senkrecht zum Körper, denn genau geworfene Bälle landen genau in den geöffneten Handflächen!
- Die Flugbahnen der Bälle kreuzen sich vor deiner Nase!
- Je höher du die Bälle wirfst, desto mehr Zeit hast du, aber desto ungenauer wirfst du auch.

Schaffst du 20 Würfe, bist du schon ziemlich gut, schaffst du 30, darfst du weitermachen, und schaffst du 50 Würfe, bist du konditionell fertig, aber kannst von dir sagen, daß du die *Kaskade* gelernt hast.

Gratuliere.

Übungen:

- ○ Stelle dich beim Jonglieren mit dem Gesicht zu einer Wand, und wenn ein Ball gegen die Wand prallt, mußt du jetzt so lange üben, bis dir das nicht mehr passiert und die Flugbahnen gut in einer Ebene liegen, denn sonst kommst du beim nächsten Schritt nicht weit. (30 Würfe)
- ○ Wirf jeweils *einen* Ball (z. B. den grünen) immer deutlich höher als die anderen Bälle. (20 ×)
- ○ Jongliere und schaue durch die Jonglage in deine Umgebung, unterhalte dich, jongliere und sieh deinen Gesprächspartner dabei an. (10 min.)
- ○ Mache beim Jonglieren verschiedene Bewegungen: Setze dich hin, stehe wieder auf, drehe dich, gehe schnell oder renne. (5 ×)
- ○ Jongliere und singe oder pfeife ein Liedchen. («Alle meine Entchen», vollständig)
- ○ Jongliere im Takt der Musik! (1 Langspielplatte)
- ○ Beobachte dich im Spiegel beim Jonglieren. (Nicht eitel werden!)
- ○ Nimm einen anderen Jongleur und sei sein Spiegel. Achte darauf, wie ein wirkliches Spiegelbild zu jonglieren. (40 Würfe)
- ○ Jongliere alle Bälle sehr viel höher als sonst. (25 Würfe)
- ○ Nimm die Arme weiter auseinander und jongliere recht flach und breit. (30 Würfe)
- ○ Bewege deine Ellenbogen so weit nach vorne, daß die Hände zueinander zeigen. Jongliere, wie ein Gorilla es tun würde, unter deiner Brust. (10 Würfe)

Jetzt muß ich dich etwas enttäuschen, denn jetzt üben wir erst mal mit nur zwei Bällen! Aber es ist unerläßlich für den Jonglierstil und ist unglaublich variationsreich.

Zwei in einer Hand

Kleine Wippe

1. Nimm 2 Bälle in die rechte Hand. Wirf den vorderen Ball senkrecht hoch und bewege die werfende Hand etwa 10 cm nach links; sobald der erste Ball sich im Umkehrpunkt befindet, wirf den zweiten Ball senkrecht hoch und bewege die Hand wieder in die alte Position, um den ersten Ball zu fangen; nun mußt du nur noch den zweiten Ball fangen! (60 ×)
2. Wirf nun immer abwechselnd die beiden Bälle in dieselbe Höhe und bewege dabei die werfende Hand gleichmäßig immer zu dem Punkt, an dem ein Ball herunterfällt. Die beiden Bälle sollen sich wie eine Wippe bewegen: Wenn der eine oben ist, dann ist der andere unten, und ist der eine in der Mitte, ist auch der andere in der Mitte. Ein ständiges Auf und Ab. (30 × 10 Würfe)

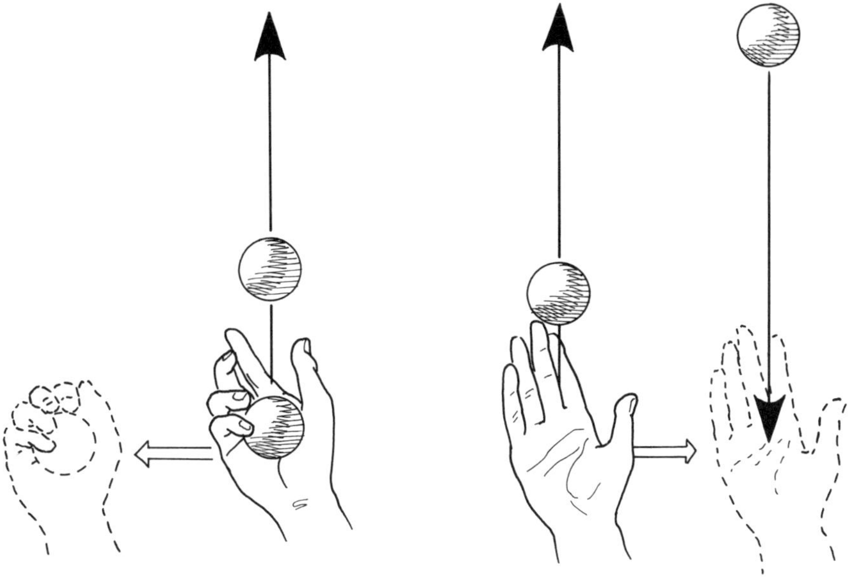

3. Übe die kleine Wippe mit der linken Hand, bis du es besser kannst als mit rechts. (30 × 15 Würfe)

Daraus wird später ein Vierballmuster!

Tips:

- Achte unbedingt darauf, daß die beiden Bälle sich nebeneinander auf und ab bewegen und nicht voreinander.
- Die Bälle fliegen nicht im Kreis.
- Wirf jetzt schön hoch und schau mit den Augen immer nur auf die Umkehrpunkte.

Übungen:

○ Stelle dich vor eine Wand und jongliere die Kaskade. (Klappt gleich viel besser.) Du wirst merken, daß du sie in einer Ebene jonglieren kannst, ohne daß dir ein Ball nach vorne hin entweicht. (Oder du hast noch nicht genug geübt.) (35 Würfe)

Dieses Muster ist eine gute Stilübung, denn wenn du in einer Ebene parallel zum Körper jonglierst, dann sieht die Jonglage gleich viel professioneller aus, als wenn du immer deinen nach vorne fliegenden Bällen hinterherrennen müßtest.

○ Suche dir einen der beiden Bälle aus und wirf ihn immer besonders hoch. (15 ×)

○ Beschleunige das Tempo der Jonglage, d. h., wirf die Bälle immer niedriger. (15 Würfe)

○ Vergrößere den Abstand zwischen den beiden Flugbahnen. Wirf den ersten Ball bei deiner rechten Schulter ab und den zweiten Ball bei deiner linken Schulter. (25 Würfe)

○ Wirf nach 20 Würfen der rechten Hand die Bälle in die linke Hand und jongliere dort weiter die kleine Wippe, ohne aus dem Rhythmus zu kommen. (40 Würfe)

○ Ändere deinen Ausdruck beim Jonglieren: Sei entweder ganz cool und lässig oder furchtbar hektisch und aufgewühlt, oder sei graziös.

Puppenspiel

1. Du nimmst einen dritten Ball und hältst ihn mit dem Daumen und Zeigefinger der linken Hand fest und bewegst ihn synchron zu einem der beiden wippenden Bälle auf und ab. (30 ×)

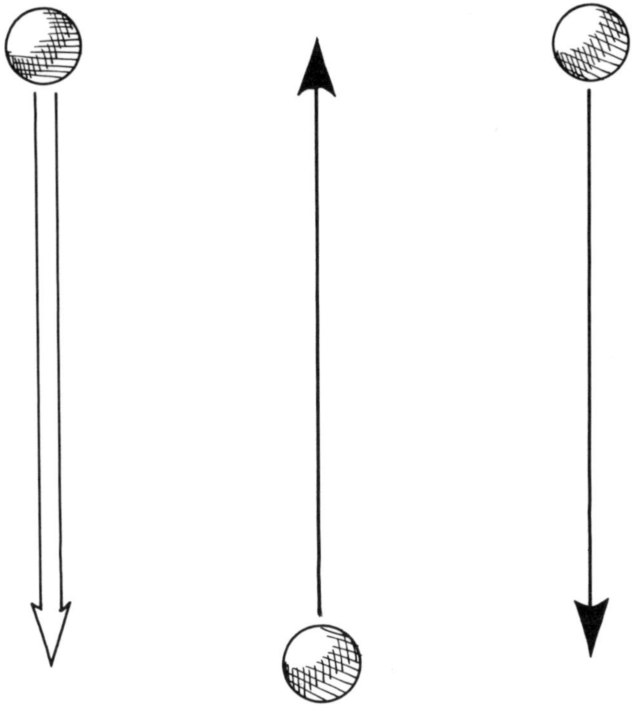

2. Bewege den festgehaltenen Ball über einem der wippenden Bälle. Das sieht, wenn's gut gemacht ist, komisch aus. (50 ×)

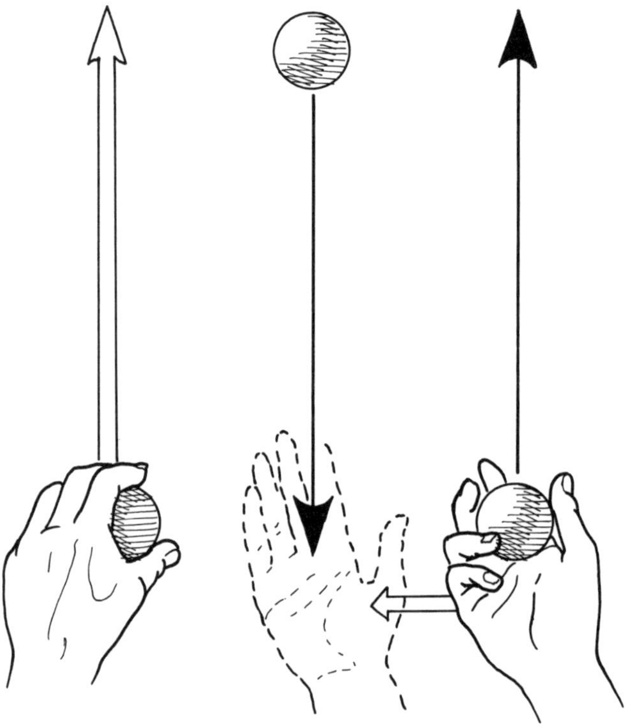

Tips:

- Entspanne dich immer wieder.
- Nimm die Schultern herunter!

Übungen:

○ Lächle, während du jonglierst! (Mind. 50 Würfe)

○ Variiere die Form, wie du den Ball links festhältst (mit der ganzen Hand usw.). Nimm ihn in den Mund und nicke im Rhythmus. (4 Varianten auf jeweils 20 Würfe)

○ Mache alles mögliche mit dem 3. Ball (leg ihn auf den Kopf, klemme ihn zwischen die Zähne, laß ihn fallen und hebe ihn wieder auf...) (2 Varianten auf jeweils 35 Würfe)

Das Ei

Versuche jetzt, die Bälle nicht mehr nebeneinander herwippen zu lassen, sondern wirf sie im Kreis (in Form eines Eis); einmal linksherum und einmal rechtsherum. (80 ×)

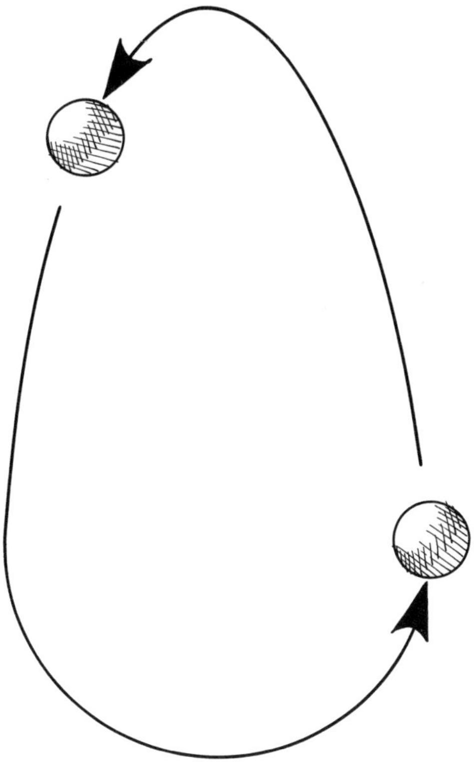

Tips:

● Denke immer wieder daran, deine Muskulatur zu entspannen.

Übungen:

○ Wirf die Bälle sehr hoch und steil, so daß sie in der Form eines Springbrunnens fliegen. (30 Würfe)
○ Wirf die Bälle so, daß sie in der Form eines fast runden Eis fliegen. Dazu mußt du besonders große, kreisende Bewegungen mit der Hand ausführen. (30 Würfe)
○ Beschleunige das Tempo. (40 Würfe)
○ Jongliere so schnell du kannst. (13 Würfe)
○ Wirf einen der beiden Bälle besonders hoch. (20 ×)
○ Wechsle bei jedem Wurf die Richtung. (30 Würfe)

Säulen

1. Nimm wieder 3 Bälle, davon 2 nach rechts und einen nach links, und beginne mit rechts zu wippen. Wirf jetzt synchron zum rechten Ball der rechten Hand den Ball mit der linken Hand auf und ab. D. h., der Ball in der Mitte fliegt immer entgegengesetzt zu den beiden äußeren Bällen. Dabei kannst du einmal die rechte Hand zum Wippen benutzen und einmal die linke.
   (30 Würfe)

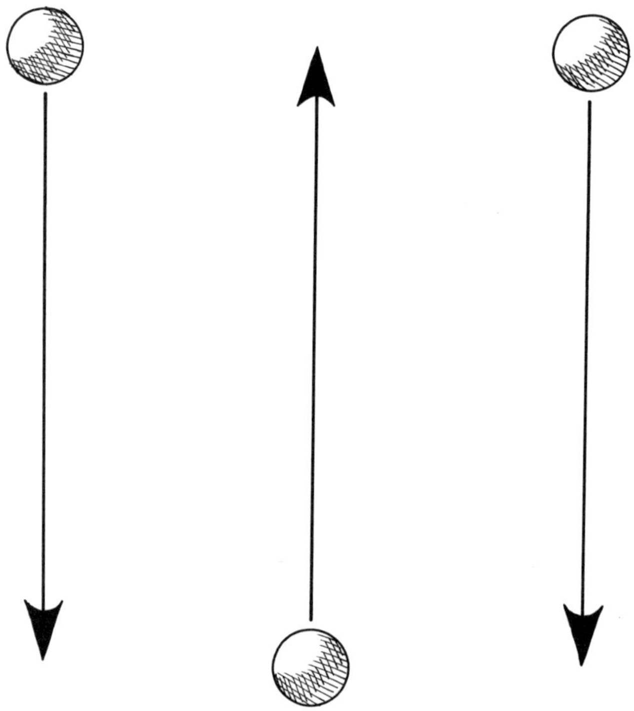

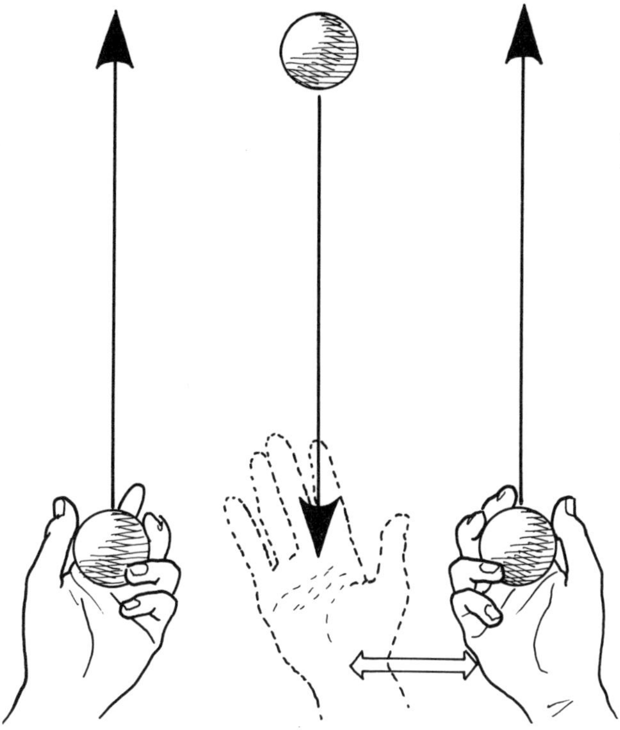

Tips:

- Jeder Ball hat seine eigene Bahn, seine Säule, die er nicht verläßt.
- Man darf nicht sehen, daß die beiden Hände einzeln agieren. Daraus folgt, daß der Abstand zwischen den Säulen immer gleich sein muß.

Übungen:

○ Jongliere die Säulen und laß alle Bälle an ihrem Platz (Ball 1 rechts; Ball 2 Mitte; Ball 3 links). Wechsle aber bei jedem Wurf die Hand, mit der du den Ball in der Mitte jonglierst. Das sollte dann so aussehen wie das Original, aber noch eleganter und symmetrischer, da beide Hände regelmäßig den mittleren Ball werfen.

- ○ Nur noch ein kleiner Anreiz: Wenn du mit beiden Händen die Säulen jonglieren kannst, versuche den mittleren Ball einmal nach links außen zu werfen, dann nach rechts außen und dann wieder in die Mitte, während die anderen beiden Bälle weiterhin gleichzeitig auf und ab gehen usw. ... – viel Platz für Phantasie. (40 Würfe)
- ○ Während der mittlere Ball immer auf und ab geht, kannst du auch die beiden anderen bei jedem Wurf überkreuzen lassen, so daß sie die Plätze tauschen. (15mal kreuzen lassen)
- ○ Wirf den Ball, der entgegengesetzt zu den anderen fliegt, immer besonders hoch oder weit.
- ○ Jongliere den einzelnen Ball links außen symmetrisch zum linken Ball der rechten Hand und vergrößere den Abstand zwischen den beiden Bällen der kleinen Wippe der rechten Hand, so daß du sie fast aus den Augen verlierst, wenn du geradeaus guckst. Du wirst merken, daß du dich breitbeinig hinstellen mußt und mit dem Oberkörper immer hin und her schwanken wirst.

Shower

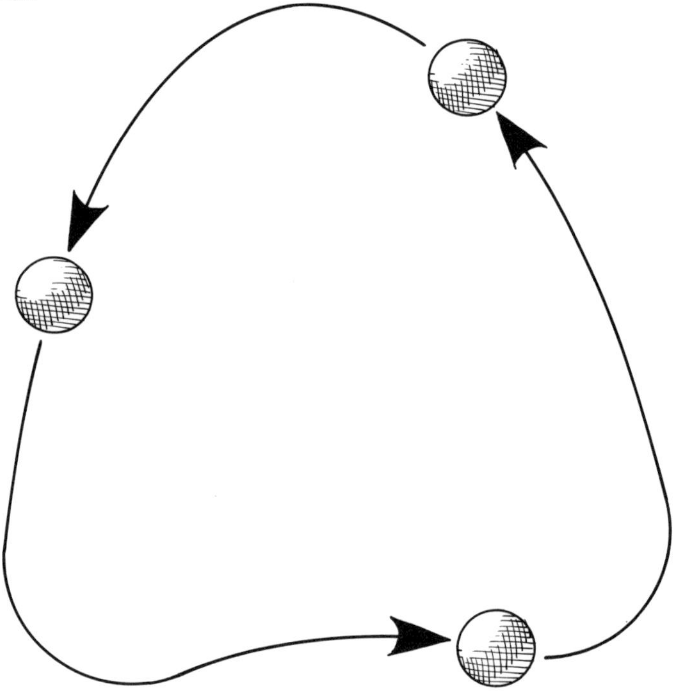

Dieses Muster ist etwas anspruchsvoller, aber auch anstrengender als die Kaskade.

1. Nimm erst einmal einen Ball in die rechte Hand, wirf ihn in hohem Bogen in die linke Hand und übergib (wirf nahezu waagerecht) ihn von da an die rechte Hand. Beginne von vorne und mache ohne Pause weiter! (60 ×)
   Der Ball beschreibt ungefähr eine Kreisbahn, und zwar immer nur linksherum.
2. Nun nimm zwei Bälle in die rechte Hand, und wirf sie schnell hintereinander los, um sie beide hintereinander in der linken Hand zu fangen. (70 ×)
3. Versuche den Ball, den du zuerst in die linke Hand bekommst, nach rechts zu übergeben, aber den zweiten Ball trotzdem noch zu fangen. (40 ×)
4. Übergib auch noch den zweiten Ball in die rechte Hand, so daß die Bälle wieder wie am Anfang verteilt sind. (50 ×)
5. Beginne nun mit einem Ball links und einem rechts, wirf den aus rechts los, und wenn er runterkommt, übergib den aus links, um ihn sofort wieder loszuwerfen. Währenddessen hast du den ersten gefangen und auch wieder übergeben usw. ...
   Die Reihenfolge ist: aus rechts werfen, von links übergeben, in links fangen. (50 ×)

Das war doch ganz leicht!

6. Aber probiere dies jetzt mit drei Bällen: zwei Bälle in die rechte und einen in die linke Hand. Wirf die beiden aus rechts schnell hintereinander los, übergib den aus links und fange die beiden herunterkommenden (in der richtigen Reihenfolge; d. h., du mußt sie gleichmäßig hoch werfen). (100 ×)

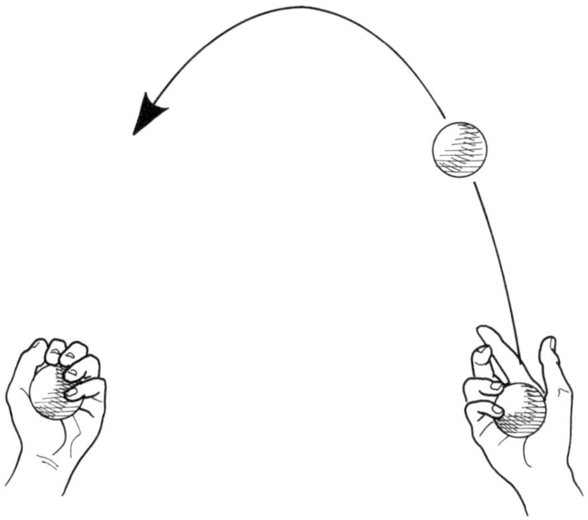

7. Du hast bestimmt schon gemerkt, wie es weitergeht? Richtig:
werfen, werfen, übergeben, fangen, werfen, übergeben, fangen, werfen, übergeben, fangen, werfen, übergeben, fangen ... übergeben, fangen, fangen. (30 Würfe)

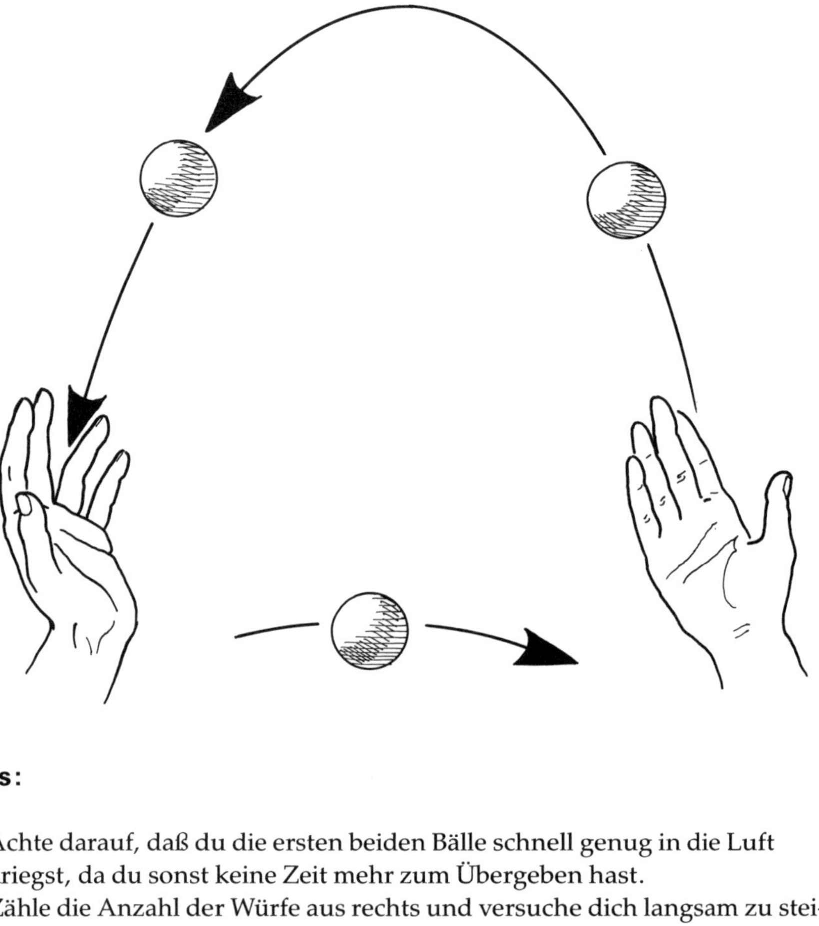

Tips:

- Achte darauf, daß du die ersten beiden Bälle schnell genug in die Luft kriegst, da du sonst keine Zeit mehr zum Übergeben hast.
- Zähle die Anzahl der Würfe aus rechts und versuche dich langsam zu steigern. Wenn du die Bälle zum Abschluß nicht fängst, gilt es nicht!
- Mache 20 Würfe, und du bist sehr gut, mache 30, und du darfst weitermachen, mache 50 (!), und dann kannst du sicher sein, daß du dieses Muster beherrschst.
- Stelle dir einfach vor, alle Bälle werden von der linken Hand nach rechts umgeleitet.

Übungen:

○ Variiere den Shower in Höhe und Breite. D. h., wirf die Bälle besonders hoch oder versuche, sie in einem überdurchschnittlich breiten Kreisbogen zu werfen. (30 Würfe)
○ Erhöhe das Tempo beim Jonglieren. Jongliere das Muster immer kleiner und kleiner, und werde dadurch immer schneller. Es ist anstrengend, aber schön anzusehen. (25 Würfe)
○ Jongliere den Shower mit einem Ball, nimm einen zweiten und jongliere den Shower mit zwei Bällen, nimm einen dritten und jongliere den Shower mit drei Bällen, dann laß wieder einen Ball aus der Jonglage herausfallen und dann noch einen; den letzten Ball fängst du dann besonders elegant auf. (Jeweils 10 Würfe)
○ Drehe dich im Kreis beim Showern. (20 Würfe)
○ Jongliere den Shower mit links, d. h., jetzt übergibt die rechte Hand. (50 Würfe!)
○ Wechsle die Richtung beim Showern. (5 ×)

Jetzt wird es erst mal wieder einfach!

Rückwärtskaskade

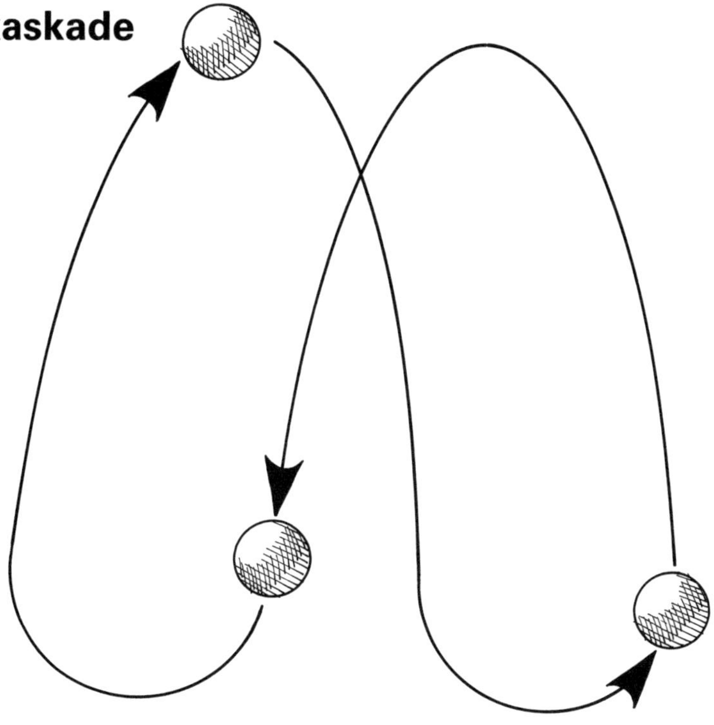

1. Jongliere die *Kaskade* mit drei Bällen und versuche, bei jedem 5. Wurf den Ball nicht links unter dem herunterkommenden Ball hindurchzuwerfen, sondern rechts außen in hohem Bogen daran vorbei! (15 ×)

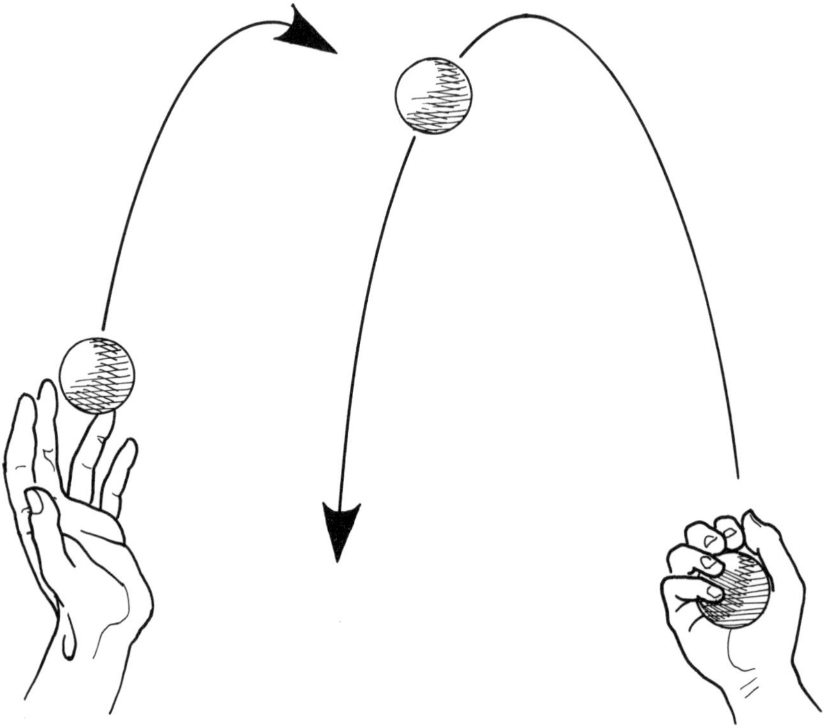

2. Wenn du es bei jedem 5. Wurf aus rechts schaffst, dann übe es bei jedem 4., 3., 2. und schließlich bei jedem Wurf. (Jeweils 20 ×)

   Jetzt kannst du jeden Wurf aus rechts außen herum werfen!
3. Nun jongliere mit rechts wieder normal und übe dasselbe mit links, bis du es auch mit links bei jedem Wurf kannst. (30 Würfe)

   Nun? Was kommt jetzt?
4. Wirf jeden Ball immer außen herum, sozusagen die *Kaskade* rückwärts. Achte darauf, daß alle Bälle von außen wie durch einen Basketballkorb in der Mitte zwischen den Händen in Höhe des Kopfes fallen. Die Hände machen jeweils eine kleine Kreisbewegung, wenn das Muster gleichmäßig ist. Rechte Hand: rechts hochwerfen, etwas mitgehen, in der Mitte fangen und wieder rechts hochwerfen (natürlich sind das zwei verschiedene Bälle).

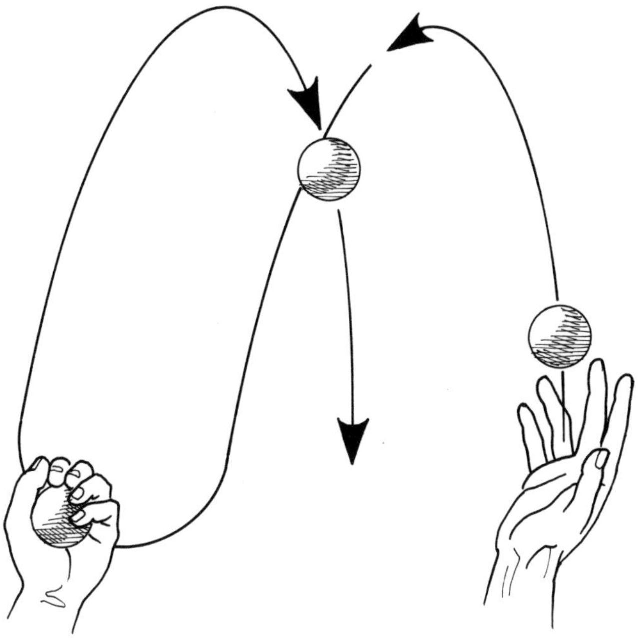

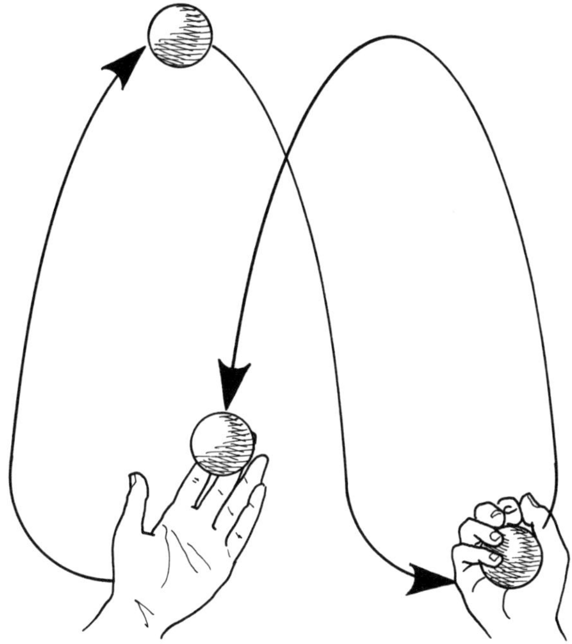

Tips:

- Achtung: Setze immer eine feste Anzahl von Würfen fest, und höre dann auf. Dann beginne noch mal und steigere mit der Zeit diese Wurfquoten. Das übt Konzentration, ermöglicht Erfolgserlebnisse und ist effektiver, als so lange zu jonglieren, bis alles zusammenbricht.
- Bei 30 Würfen aus rechts bist du gut und darfst weitermachen, bei 50 bist du sicher.
- Beruhige die Jonglage immer wieder.
- Hefte deine Blicke auf einen imaginären Basketballkorb vor deinen Augen.
- Mache die Arme etwas breiter als sonst.

Übungen:

○ Bewege betont deinen Körper im Rhythmus des Musters. Du wirst merken, daß du dich wie eine Schlange bewegst. (20 Würfe)
○ Beschleunige und verlangsame das Tempo. (30 Würfe)
○ Mache große, betonte, kreisende Handbewegungen. (40 Würfe)
○ (schwer) Versuche, die Jonglierebene so zurückzuverlagern, daß du in ihr drin stehst. Das bedeutet, daß du mit nach außen gestreckten Armen die Rückwärtskaskade jonglierst. Dieses Muster ist besonders geeignet für Zuschauermassen, weil du riesige, weithin sichtbare Bewegungen ausführst. (10 Würfe)

Federball

1. Jongliere ganz normal die *Kaskade*. (50 Würfe)
2. Suche dir einen Ball aus und wirf ihn mit der Wurfart der Rückwärtskaskade los, also außen herum, und zwar über die beiden anderen Bälle hinweg. Kommt er in die linke Hand, wirf ihn wieder außen herum zurück in die rechte Hand, aber jongliere mit den beiden anderen Bällen normal weiter. Wenn er dort ist, wirf ihn in derselben Weise wieder zurück usw. Er vollführt immer einen Halbkreis über den beiden anderen. (50 Würfe des «Federballs»)

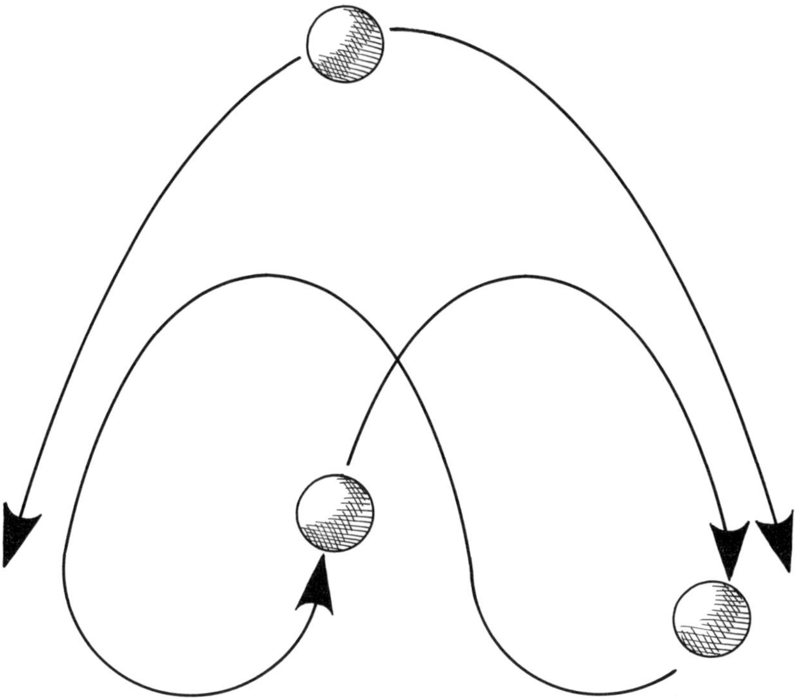

Tips:

- Stell dir vor, die Bälle unten sind das Netz und der Ball oben ist der Federball, sofort geht es besser.
- Betone den Rhythmus des Musters.

Übungen:

○ Wirf den «Federball» sehr hoch. (30 ×)
○ Jongliere das Netz schnell und laß den «Federball» ganz langsam darüber hinwegfliegen. (20 Würfe)
○ Wechsle den «Federball» durch einen Ball aus dem Netz aus und jongliere weiter. (5 ×)
○ Gehe aus der *Kaskade* und der Rückwärtskaskade in das Federballmuster über. (10 ×)

Flash

1. Nimm zwei Bälle in die rechte und einen in die linke Hand. Wirf diese Bälle rechts-links-rechts so schnell los, daß sie alle in der Luft sind, bevor der erste losgeworfene Ball wieder gefangen ist. Fange die fliegenden Bälle in links-rechts-links. (50 ×)

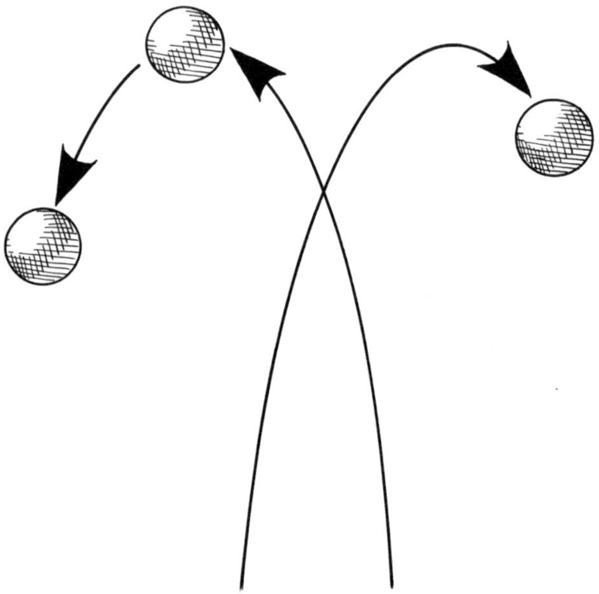

2. Jongliere die *Kaskade* und wirf zwischendurch einen *Flash,* indem du alle verfügbaren Bälle so schnell in die Luft wirfst, daß du für einen kurzen Moment die Hände frei hast. Jongliere weiter. (40 ×)

Tips:

- Wirf die Bälle sehr hoch.
- Wirf präzise.
- Wirf die Bälle in gleichmäßigen Abständen los, sonst sieht dieses Muster nicht schön aus.

Übungen:

○ Klatsche einmal, während du die Hände frei hast. (10 ×)
○ Klatsche zweimal, während du die Hände frei hast. (20 ×)
○ Klatsche dreimal, während du die Hände frei hast. (30 ×)
○ Jongliere die *Kaskade,* wirf einen *Flash* und jongliere die Rückwärtskaskade. (5 ×)

Langsam fängt es doch an, richtig Spaß zu machen? Wer kann schon so viel jonglieren?

Du hast doch bestimmt schon ein paar Übungstage hinter dir, die du alle mit dem Wiederholen der alten Übungen begonnen hast!

Um zu prüfen, ob deine Bewegungen sich auf das Jonglieren einstellen, probiere doch einfach mal, während der *Kaskade* nicht die Bälle anzusehen, sondern die Umgebung. Probiere es einfach aus, jongliere, gehe dabei spazieren und schau dir die Welt an.

Du kannst natürlich auch in den Spiegel sehen und dabei deine Künste bewundern. Das ist eine sehr gute Stilkontrolle. Ändere deinen Jonglierstil so lange, bis du dir dabei gefällst.

Krallen

Dies ist kein spezielles Muster, sondern eine bestimmte Art, die Bälle zu fangen. Sie kann aber für fast alle Muster benutzt werden und ist eine rhythmische, auflockernde und anstrengende Weise, Bälle zu jonglieren:

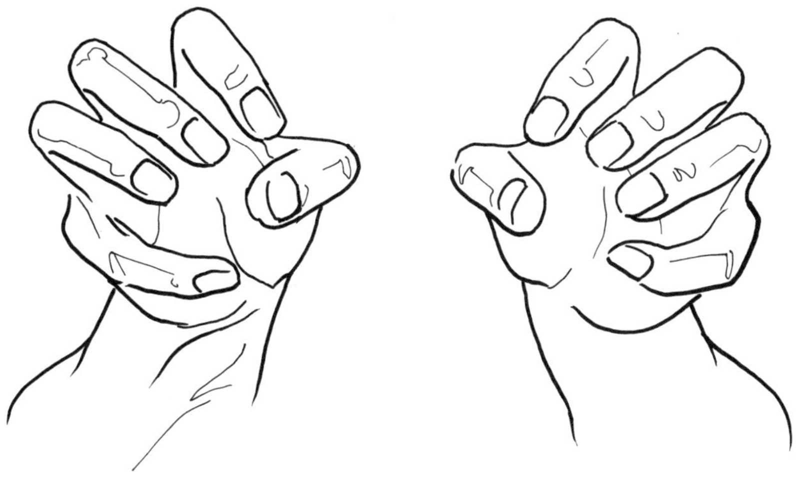

1. Stelle dich einmal ohne Bälle in die Ausgangshaltung bei der Kaskade, also: Handflächen nach oben. Drehe nun die Handflächen nach unten! Nimm einen Ball in die rechte Hand, aber laß die Handflächen weiter nach unten zeigen. Wirf den Ball zur linken Hand, indem du den rechten Handrücken fast bis ans Kinn nimmst und dabei den Ball so loswirfst, daß er wieder einen hohen Bogen vollführt. Fange den Ball, indem du ihn mit der linken Hand von oben greifst.

   Beginne nun mit links und führe mit dem rechten Arm die gleiche Bewegung aus (hochschleudern-greifen). (80 ×)

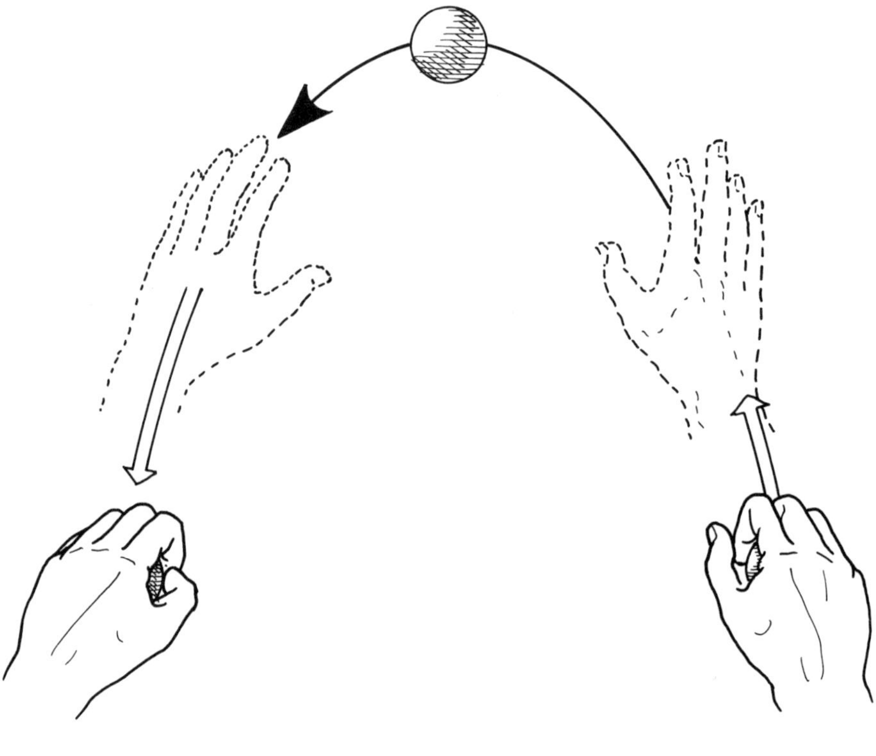

2. Nimm in jede Hand einen Ball, beginne mit rechts und tausche die Bälle aus. (50 ×)

Kaffeepause?!

Der letzte Schritt ist genauso wie bei der *Kaskade*:

3. Nimm 2 Bälle in die rechte und einen in die linke; Handrücken aber nach oben.

Mit rechts beginnen und: hochschleudern-hochschleudern-greifen-hochschleudern-greifen-hochschleudern-greifen-. . .-greifen.

Langsam steigern! Geduld!

Tips:

- Wenn die Bälle von dir ab und zu nach vorne oder unten «weggepatscht» werden, dann liegt das daran, daß du nicht richtig zugreifst und die Unterarme zu gewalttätig bewegst.
- Benutze keine harten Bälle, da das sehr weh tun kann.

Schaffst du 40 «gekrallte» Bälle hintereinander, dann müßtest du ziemlich rote Handflächen haben und Muskelkater. Dafür kannst du sagen, daß du diese Art des Jonglierens für die *Kaskade* einigermaßen beherrschst. Weitermachen.

Übungen:

○ Kralle die Rückwärtskaskade. Dafür mußt du einfach nur die gekrallten Bälle immer außen herum werfen und in die Mitte hinein. (25 Würfe)
○ Mache mit den Armen besonders große Bewegungen. (10 Würfe)
○ Versuche, einen bestimmten Rhythmus zu krallen. D. h.: Nutze das klatschende Geräusch aus und mache daraus z. B. den Takt zu der Musik, die du gerade hörst. (2 Lieder)
○ Versuche die Bälle so sanft zu fangen, daß das Krallen kein Geräusch macht. (15 lautlose Würfe)
○ Kralle die kleine *Wippe* mit beiden Händen. (Schön in den Beinen mitfedern!) (Jeweils 20 Würfe)

Jonglieren mit gekreuzten Armen

Dieses Muster übst du genauso wie die *Kaskade*, jedoch führst du sämtliche Übungsschritte mit gekreuzten Armen aus.

1. Beginne damit, einen Ball mit gekreuzten Armen hin- und herzuwerfen. (100 ×)
2. Tausche nun zwei Bälle mit gekreuzten Armen aus. (50 ×)

3. Und jetzt natürlich das Ganze mit drei Bällen, und zwar wieder erst einmal drei halbe Würfe, dann 4 und so weiter.

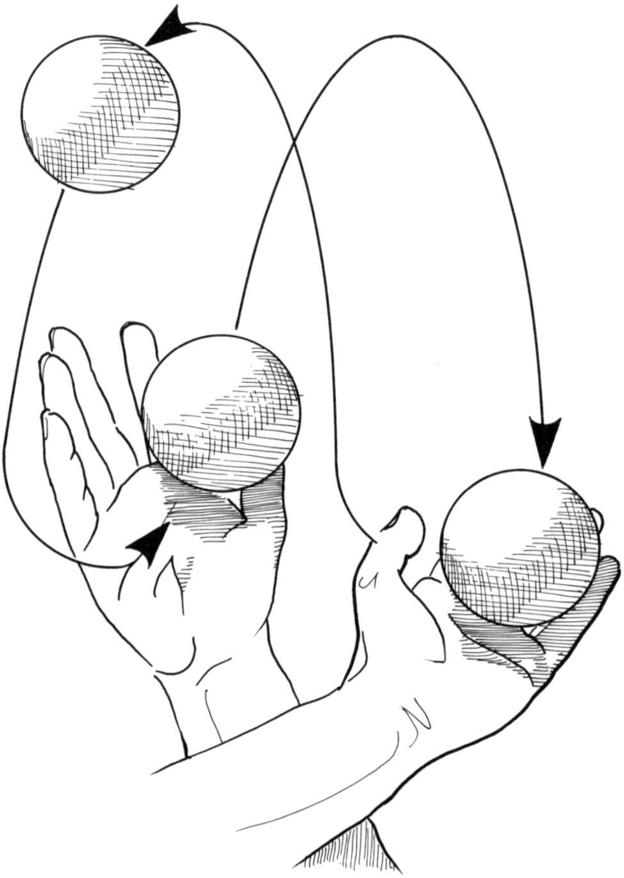

Tips:

- Dieses Muster ist in Verbindung mit anderen sehr viel schöner als einzeln und abgesondert. Aber es ist wichtig, es zu lernen.
- Je sicherer du wirst, desto virtuoser wird die Jonglage.
- Kann man ein Muster nur gut, d. h., schafft man an die 30 Würfe, dann ist man meistens noch nicht locker genug. Kann man ein Muster sehr gut, dann variiert man locker Tempo und Form und bereichert damit die Jonglage ungemein.

Schaffst du 20 Würfe, bist du schon ganz gut, bei 30 solltest du dich den Übungen widmen, bei 50 Würfen müßte es schon ziemlich sicher aussehen.

Übungen:

- ○ Jongliere die Säulen mit gekreuzten Armen. (20 Würfe)
- ○ Jongliere die Rückwärtskaskade mit gekreuzten Armen. (30 Würfe)
- ○ Wechsle ohne Unterbrechung aus der Rückwärtskaskade in die Kaskade mit gekreuzten Armen. (10 ×)
- ○ Kreuze die Arme, so weit du kannst. (30 Würfe)
- ○ Beschleunige und verlangsame das Tempo der Jonglage.

So! Jetzt übst du etwas Schwieriges.

Große Wippe

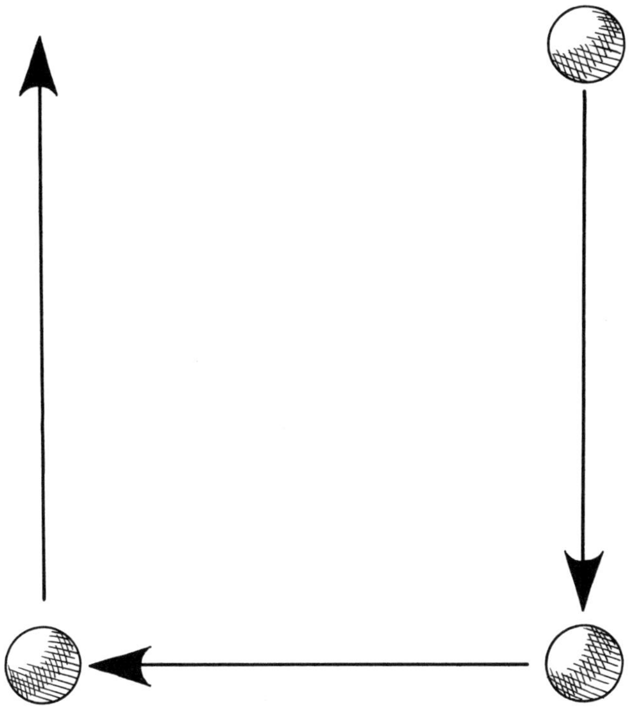

1. Wirf mit rechts einen Ball hoch und fange ihn wieder! (Aber ich glaube, du kannst das schon.) Wichtig ist, daß er senkrecht nach oben abgeworfen wird und auch senkrecht wieder herunterkommt! (50 ×)
2. Probiere dasselbe mit links! (Schon schwieriger.) (60 ×)
3. Nimm zwei Bälle, einen in jede Hand, und wirf abwechselnd den Ball aus rechts hoch, und wenn er im Umkehrpunkt ist, wirf den Ball aus links hoch, fang dann den Ball aus rechts und wirf ihn gleich wieder hoch. Ist der eine Ball oben, ist der andere unten. (40 Würfe)
4. Nimm nun einen dritten Ball und lege ihn in die rechte Hand. Wirf den ersten Ball aus rechts schön senkrecht hoch, und wenn er herunterkommt, wirf den Ball aus links hoch, bevor aber der erste Ball wieder in der rechten Hand gefangen wird, übergibst du den dritten Ball an die linke.

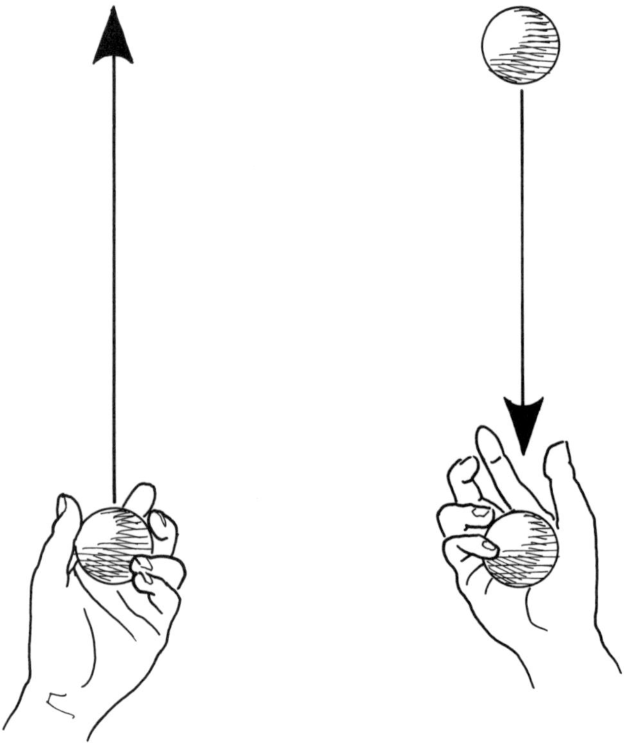

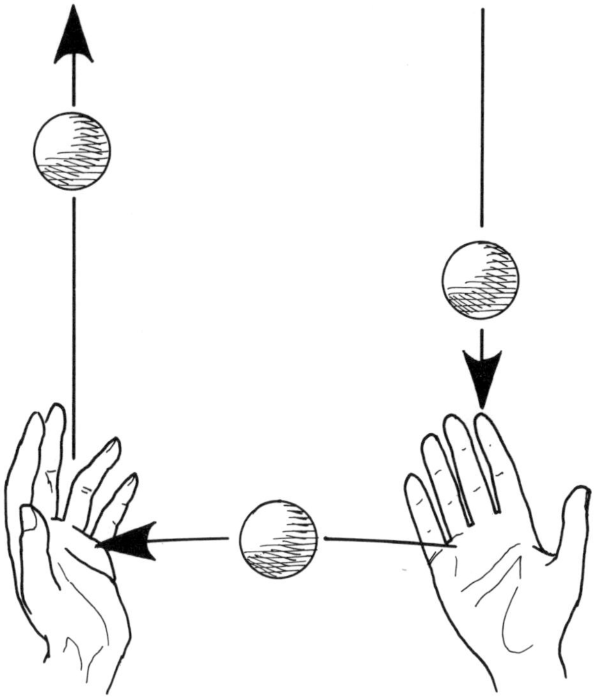

Jetzt kannst du den ersten Ball fangen, ihn sofort wieder hochwerfen, den dritten Ball wieder fast waagerecht in die rechte Hand übergeben und den zweiten Ball fangen. Dann geht es wieder von vorne los. (50 ×)

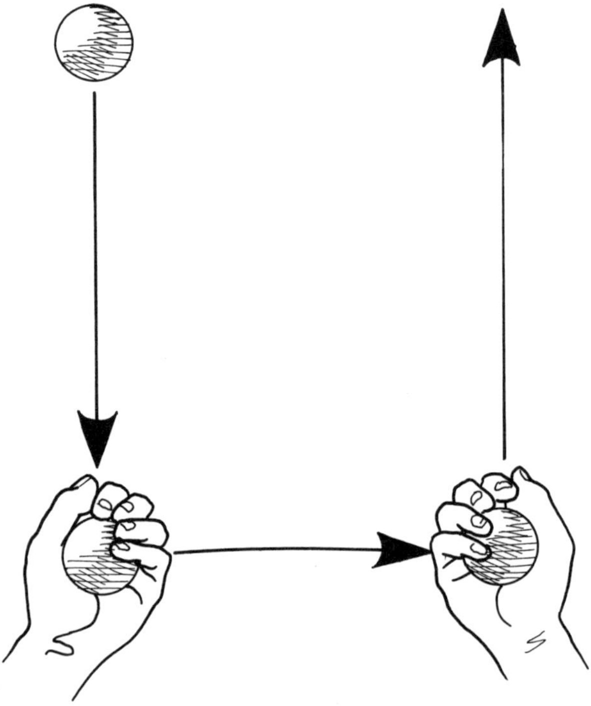

Tips:

- Zwei Bälle machen eine gleichmäßige, senkrechte Auf-und-Ab-Bewegung, und der letzte Ball pendelt immer zwischen den Händen hin und her, und zwar immer dahin, wo Platz ist.
- Dieses Muster ist schwer und erfordert ein großes Tempo, genaue Würfe und viel Übung. Aber gekonnt sieht es fabelhaft aus. Besonders, wenn der Abstand der Hände vergrößert wird.
- Am einfachsten ist die Übergabe, wenn du die Hände ganz dicht nebeneinander hältst, dann greift die eine Hand den Ball aus der anderen. Das geht schneller als eine Übergabe als Wurf.
- Es ist darauf zu achten, die Bälle präzise senkrecht nach oben zu werfen!

Wenn du es 10mal schaffst, den unteren Ball zu werfen, darfst du weitermachen. Spitze bist du, wenn du es 30mal schaffst!

Übungen:

○ Die Wippe kann man mit dem Shower verbinden:
Wirf fünf Würfe Shower rechtsherum, eine große Wippe, vier Würfe linksherum, eine große Wippe, drei Würfe Shower rechtsherum, eine große Wippe, zwei Würfe Shower linksherum und zum Abschluß fünf große Wippen.

Eine Wippe bedeutet hier, daß du den letzten Ball des Showers senkrecht hochwirfst, um die Richtung zu wechseln.

○ Vergrößere den Abstand zwischen beiden Händen, so daß Ball Nr. 3 richtig präzise übergeben werden muß. (20 Würfe)

○ Wirf die äußeren Bälle besonders hoch! (20 ×)

○ Wirf nur einen der äußeren Bälle besonders hoch, so daß auf der einen Seite immer besonders schnell übergeben werden muß. (10 ×)

Test

Nach jedem Übungskapitel wirst du so einen Test finden. Er ist dazu da, dir zu bestätigen, daß du die beschriebenen Muster kannst oder lieber noch mal das eine oder andere Muster übst.

Gehe der Reihenfolge nach sämtliche Aufgaben durch, und wenn du eine mal nicht auf Anhieb schaffst, hast du noch 5 Versuche. Hast du es dann immer noch nicht geschafft, kannst du das Muster noch nicht gut genug.

Also viel Erfolg.

1. Jongliere die Kaskade (25 Würfe), und mache einen schönen Abschluß, d. h., fange alle Bälle sicher.
2. Jongliere die kleine Wippe mit rechts (15 Würfe).
3. Jongliere die kleine Wippe mit links (15 Würfe).
4. Jongliere zwei Bälle in einer Hand (5 Würfe rechts im Kreis; 5 Würfe als kleine Wippe, 5 Würfe links im Kreis) und fange den letzten Ball ordnungsgemäß.
5. Jongliere das Säulenmuster so, daß der Ball in der Mitte 5mal hochgeht, dann nach rechts herübergeworfen wird, dort auch fünfmal hochgeworfen wird, und schließlich in hohem Bogen nach links fliegt, um dort auch fünfmal hochgeworfen zu werden und dann ordnungsgemäß zu landen. Die beiden anderen Bälle bleiben in ihrer Anfangsposition, bewegen sich nur auf und ab.
6. Jongliere den Shower fünfmal linksherum, mache eine große Wippe dazwischen, jongliere den Shower viermal rechtsherum, große Wippe, Shower 3mal links, große Wippe, Shower 2mal rechts, 5mal abschließend die große Wippe.
7. Jongliere das Federballmuster (der «Ball» fliegt 15mal über das «Netz»).
8. Kralle 15 Würfe Kaskade.
9. Kralle 15 Würfe Rückwärtskaskade.
10. Jongliere die Rückwärtskaskade mit gekreuzten Armen (15 Würfe).
11. Verbinde in einer Jonglage mindestens 5 Muster miteinander.

3. Kunststücke

Nun, jetzt kommen wir zu einem Übungsabschnitt, der eine Menge Kondition, Ausdauer und Genauigkeit erfordert. Diese Übungen sind ausgesprochen schön und lockern jede Jongliernummer auf.

Baue von jetzt an die gelernten Kunststücke in deine Nummer und deine täglichen Übungen ein.

Beinwürfe

1. Jongliere die Kaskade und hebe nach dem 3. Wurf das rechte Knie für die nächsten 10 Würfe. Setze das Bein wieder ab und jongliere dabei weiter. (20 ×)
2. Hebe bei jedem 2. Wurf das rechte Knie so hoch wie möglich. (30 ×)
3. Hebe jetzt bei *jedem* Wurf dein Knie! (20 ×)

   Das waren erst einmal ein paar kleine Balancevorübungen.
4. Jongliere die Kaskade und suche dir einen Zeitpunkt aus, zu dem du dein Knie hochhebst und einfach einen Ball darunter durchwirfst. Dann, als sei nichts gewesen, weiterjonglieren. (40 ×)
5. Wirf 15mal einen Ball unter einem Bein durch, jedoch setze das Bein auf keinen Fall zwischendurch ab.

Tips:

- Für den letzten Schritt gibt es zwei (und mehr) Möglichkeiten. Und zwar kannst du entweder die rechte Hand, nachdem du den Ball geworfen hast, wieder unter dem Bein hervorziehen, oder du legst deine Kniekehle auf deinen Unterarm und bleibst so stehen wie ein Reiher.
- Wenn es gar nicht geht, übe zum Balancehalten erst einmal das Knieheben, ohne zu jonglieren.
- Dein Rücken soll dabei gerade bleiben! Das Bein kommt zu dir; dein Arm geht nicht zum Bein.
- Schau dabei in die Gegend, um einen klaren Kopf zu bewahren.
- Du darfst auf keinen Fall hektisch werden.
- Wirf anfangs den Ball aus links vor dem Wurf unter dem Bein besonders hoch.

Übungen:

○ Wirf bei jedem Wurf unter dem rechten Bein durch, aber berühre zwischendurch mit dem Fuß immer den Boden (sehr lustiges Muster). (10 Würfe)

○ Wirf jeden oder jeden 2. Ball unter dem linken Bein hindurch. (15 Würfe)

○ Wirf bei jedem Wurf jeweils den Ball unter dem gegenüberliegenden Bein hindurch. Ball rechts unter Bein links – Ball links unter Bein rechts. Dafür mußt du die Kaskade gut beherrschen. (10 Würfe)

○ Gehe in die Hocke, nimm beide Arme unter die Oberschenkel und jongliere (superelegant). (50 Würfe)

Das und viel mehr kannst du mit Würfen unter den Beinen machen!

Rückenwürfe

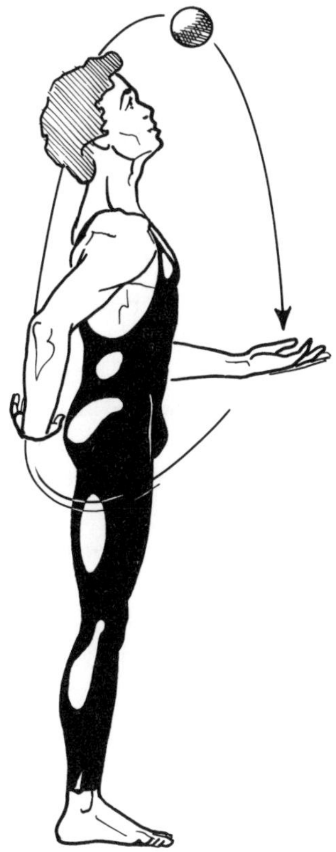

1. Nimm einen Ball in die rechte Hand und wirf ihn hinter dem Rücken so los, daß er über die linke Schulter in die linke Hand fliegt. Mache das so lange, bis du dich sicher fühlst. (Mindestens 50 ×)
2. Nimm einen Ball in die linke Hand und wirf ihn hinter dem Rücken so los, daß er über die rechte Schulter in die rechte Hand fliegt. (50 ×)
3. Wirf den Ball aus rechts hinter dem Rücken in die linke und von dort hinter dem Rücken in die rechte Hand. (50 ×)
4. Jetzt mache das Ganze aus der Jonglage. Suche dir einen Ball aus, und wirf ihn bei jedem dritten Wurf aus rechts hinter dem Rücken vorbei über die linke Schulter. (30 ×)

Tips:

- Du mußt mit den Händen richtig ausholen und mit Schwung hinter dem Rücken loslassen, sonst verkümmern die Bälle auf dem Weg zur Schulter. Wenn dein Schwung allerdings in die falsche Richtung gelenkt wird, dann donnert er dir entweder in den Rücken, weil du zu spät losgelassen hast, oder er kommt nicht vorne an, weil er 20 m hinter dir im Gras liegt (du solltest im Sommer keine grünen Bälle verwenden).

- Übe wirklich so lange, bis der Ball 15mal hintereinander sicher angekommen ist, denn alles andere ist Zufall, und wenn du das Muster später noch mal brauchst, kannst du es nicht mehr.

- WICHTIG: Deine Augen sind auf den Punkt gerichtet, an dem der Ball wieder in die Jonglage hereinfliegen soll. D. h., wenn du mit rechts hinter dem Rücken loswirfst, guckst du zur linken Schulter.

Übungen:

- ○ Wirf einen Ball aus einer Jonglage kontrolliert so hinter dem Rücken vorbei, daß du 2m nach vorne rennen mußt um ihn zu fangen. (15×)
- ○ Wirf ihn senkrecht hinter dem Rücken hoch, dreh dich um und jongliere weiter. (5×)
- ○ Jongliere im Knien und wirf ein paar Bälle hinter dem Rücken vorbei, ohne dich von der Stelle zu rühren. (Nicht einfach) (10×)
- ○ Beginne mit rechts und wirf einen Ball über die linke Schulter, kralle diesen mit der linken Hand, wirf ihn über die rechte Schulter usw. Gehe dabei tief in die Knie. (60×)
- ○ Jongliere die Kaskade und wirf drei Bälle hintereinander hinter dem Rükken vorbei, rechts–links–rechts und jongliere normal weiter. (10×)
- ○ Wenn du sehr gut bist, jongliere jeden Ball hinter dem Rücken vorbei über die gegenüberliegende Schulter nach vorne. Deine Jonglage besteht nur aus Rückenwürfen! (10 Würfe)

Armwürfe

1. Nimm einen Ball in die rechte Hand und führe diese unter den linken Unterarm, so daß sich die Arme überkreuzen. Wirf den Ball in leichtem Rechtsbogen hoch hinüber in die linke Hand. Währenddessen ziehe die rechte Hand wieder zurück. Wirf nun den Ball aus links in hohem Bogen wieder in die rechte Hand und beginne noch einmal von vorne. (50×)
2. Nimm 2 Bälle. Einen in die rechte und einen in die linke Hand. Beginne wie oben, nur wirf, bevor du den ersten Ball in links fängst, den zweiten Ball aus links in die rechte Hand. (55×)
3. Nimm 3 Bälle; zwei nach rechts, einen nach links! Wirf den ersten Ball aus rechts wie oben beschrieben los, jongliere die Kaskade und brich sie irgendwann ab. (20×)
4. Jongliere die Kaskade, suche dir einen

Ball von den dreien aus und wirf ihn bei jedem 3. Wurf unter dem linken Unterarm hindurch. (25 ×)

5. Versuche jetzt, bei jedem 3. Wurf den ausgewählten Ball unter dem linken Arm hindurchzutragen, um ihn dort loszuwerfen und die Hand blitzschnell wieder zurückzuziehen. (40 ×)

   Du bist begabt!

6. Wirf jeden Ball, den du in deine rechte Hand bekommst, unter dem linken Arm hindurch! Dein rechter Arm müßte sich relativ schnell immer hin- und herbewegen. Stimmt's? (25 ×)

   Da du jetzt weißt, wie dieses Muster geht, beschreibe ich es nicht noch einmal für links. Üben solltest du es aber trotzdem mit links, denn du brauchst es für eines der fortgeschrittenen Muster.

Tips:

- Achte darauf, daß sich nur dein rechter Arm bewegt und der linke an seinem Platz bleibt, anders als beim Jonglieren mit gekreuzten Armen. Wenn du den Ball in links fängst, ist die rechte Hand schon längst wieder an ihrem alten Platz.
- Das Tempo der Jonglage darf sich durch einen Armwurf nicht ändern.
- Wirf den Ball nie aus Zeitmangel auf halbem Wege los, sondern konzentriere dich immer, so zu jonglieren, daß der Armwurf ganz präzise kommt.

Übungen:

○ Wirf alle Bälle, die in die Hand kommen, unter der die Bälle durchgeworfen werden, außen herum wie bei der Rückwärtskaskade (schön und einfach). (30 Würfe)

○ Wirf den Armwurf mal unter dem linken und mal unter dem rechten Arm während einer Jonglage. (10 Wechsel)

○ Wirf jeden Ball senkrecht hoch. Dadurch mußt du, wenn du die Bälle unter dem rechten Arm durchwirfst, immer ein Stückchen weiter nach rechts laufen. Wenn dann kein Platz mehr ist, dann wechsle einfach den Arm für deine Armwürfe und wandere so wieder zurück. (40 Würfe)

○ Kralle alle Armwurfbälle. (20 Würfe)

Schulterwürfe

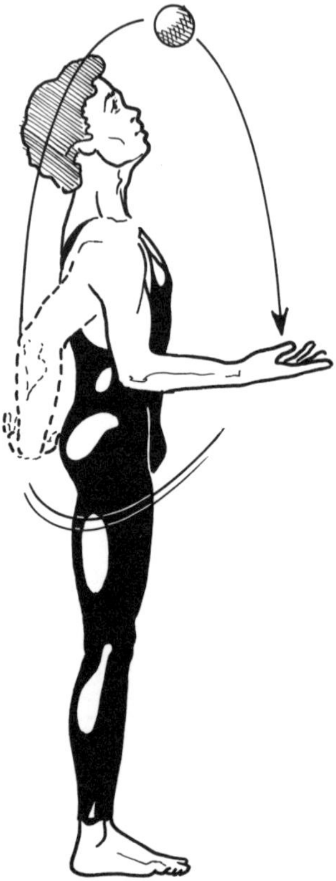

1. Nimm einen Ball in die rechte Hand, wirf ihn von hinten über die rechte Schulter nach vorne und fange ihn wieder in der rechten Hand. (Es ist ein seltsames Gefühl, aber eigentlich ganz einfach.) (50 ×)
2. Probiere auch mit links über die linke Schulter. (60 ×)
3. Nun verbinde es mit der Jonglage, und du kannst wieder ein neues Muster. (50 ×)

Bravo!

Ich glaube, daß das alles etwas zu einfach für dich ist. Aber wenn du alle bis jetzt gelernten Muster miteinander verknüpfst, kommt schon etwas sehr Schönes heraus.

Tips:

- Ziehe während des Wurfes die Schultern hoch.
- Dein Blick ist auf die Stelle gerichtet, an der der Ball erscheinen sollte, also ungefähr 15 cm über der Schulter.

Übungen:

○ Wirf den Schulterwurf mit beiden Händen gleichzeitig.
○ Wirf den Schulterwurf rückwärts. D. h., wirf den Ball über die Schulter nach hinten und fange ihn dort mit derselben Hand wieder auf.
○ Jongliere zwei Bälle in einer Hand und mache zwischendurch ein paar Schulterwürfe. Dann wechsle die Hand, indem du die beiden Bälle hintereinander hinter dem Rücken vorbeiwirfst. Mache mit der anderen Hand ebenso ein paar Schulterwürfe.

Sitzjonglage

Jonglieren im Sitzen ist gar nicht so einfach! Vor allem, wenn man mit der Kaskade noch nicht so sicher ist! Aber ich hoffe doch stark, daß sich keiner bis hierher geschummelt hat, der die Kaskade noch nicht perfekt kann!

1. Bleibe erst noch einmal stehen und jongliere die Kaskade. (50 Würfe)
2. Wirf die Bälle immer niedriger, aber um so gleichmäßiger und schneller. Du müßtest es mindestens schaffen, so niedrig zu jonglieren, daß du über die Jonglage sehen kannst. (30 Würfe)
   Die Jonglage hat jetzt ein schnelles Tempo!
3. Nun setz dich hin und jongliere einfach weiter! (40 Würfe)

Tips:

- Am einfachsten ist es, zuerst in die Knie zu gehen. Setz dich einfach mit drei Bällen hin und probiere aus, was bei dir am besten geht. Am schönsten ist der Schneidersitz oder der Yogasitz.
- Achte darauf, daß du am Anfang aufrecht sitzt.
- Die Jonglage kann nie schnell genug sein. Je schneller du sie sicher kannst, desto eleganter ist deine gesamte Jonglierkunst.

Übungen:

○ Jongliere im Stehen, setze dich dabei in den Schneidersitz und jongliere weiter. (5 ×)
○ Setze dich und stehe wieder auf. (5 × in einer Jonglage)
○ Versuche alle gelernten Muster im Sitzen zu jonglieren! (Jeweils 10 Würfe)
○ Jongliere die Bälle fast ausschließlich mit den Handgelenken, d. h., lege dabei die Unterarme auf die Oberschenkel. (50 Würfe)
○ Kralle die Kaskade im Sitzen! (10 Würfe)

Überkopfjonglage

Es ist schwer, dieses Muster elegant zu jonglieren.

1. Lege dich auf den Rücken und nimm einen Ball in die rechte Hand (auf dem Bauch ist dieses Muster unmöglich).

   Hebe den Arm und knicke dein Handgelenk so ab, daß zwischen Handrücken und Unterarm ungefähr ein rechter Winkel entsteht. Nun streckst du diesen Arm nach oben.

   Genauso mußt du nun jeden Ball hochwerfen. Stelle dir einfach vor, daß du ihn gegen den Himmel drükken möchtest.

   Fange ihn mit der linken Hand, indem du den linken Arm gen Himmel streckst, bevor er herunterkommt. Übe das so lange, bis du wirklich sicher bist. (200 ×)

2. Übe, wie bei der Kaskade, zwei Bälle über dem Kopf auszutauschen (100 ×), und versuche schließlich, die ganze Kaskade mit drei Bällen zu jonglieren. (30 Würfe)

   Steigere dich langsam! Erst drei halbe Würfe hintereinander, dann vier und so weiter!

3. Nun stehe auf und jongliere genauso wie eben über deinem Kopf. (30 Würfe)

   Geht merklich auf die Arme und den Nacken!

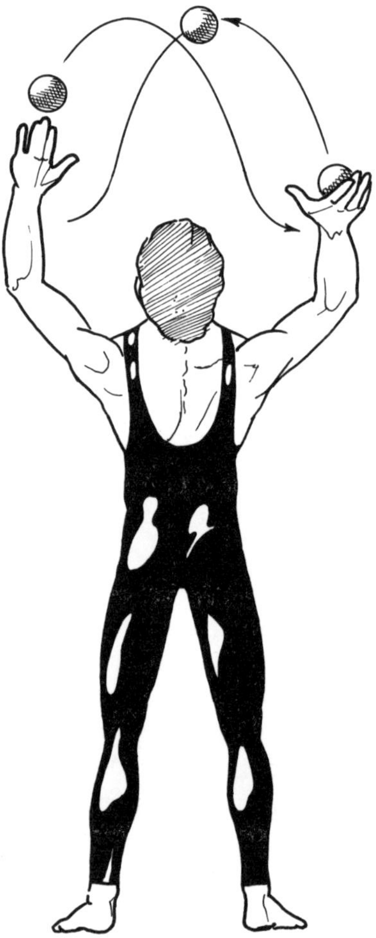

Tips:

- Achte darauf, daß du die Bälle wirklich genau hochwirfst und sie nicht irgendwo in der Beingegend aufkommen.

- Nimm im Liegen ein Kissen unter den Kopf.
- Laß den Mund geschlossen.
- Laß ab und zu wieder etwas Blut in die Arme zurückfließen. Also: Arme runter.
- Strecke die Arme beim Werfen nicht völlig, sondern denke, daß deine Arme wie Federn immer gespannt und entspannt werden.

Übungen:

○ Probiere die Rückwärtskaskade und den Shower auch im Liegen und Sitzen (schwer). (Jeweils 15 Würfe)
○ Nimm die Arme ein bißchen weiter auseinander. (10 Würfe)
○ Schließe die Augen und tausche nur einen Ball zwischen den Händen aus (weiche Bean-Bags verwenden!). (9 Würfe)

Jonglieren beim Einradfahren

Einradfahren, ja, das sollte man können für dieses Muster.

Wer dies nicht kann, lernt es so schnell wie möglich oder muß sich mit dem Test zufriedengeben. Dabei möchte ich gleich auf das vorzügliche Buch von Sebastian Höher hinweisen: «Einradfahren. Vom Anfänger zum Könner». (rororo 186543)

Steige mit drei Bällen aufs Rad.

Für mich war es einfacher, beim Vorwärtsfahren anzufangen, manche fangen aber gleich beim Pendeln damit an.

Lerne es so, wie du im Stehen die Kaskade gelernt hast:

Erst einen Ball hin- und herwerfen, dann zwei Bälle austauschen und schließlich mit drei Bällen jonglieren. Manche können auch, wenn sie sehr sicher mit Einradfahren und der Kaskade sind, gleich mit drei Bällen beginnen.

Tips:

- Es ist anfangs etwas frustrierend, die heruntergefallenen Bälle immer nur durch Absteigen wiederzubekommen (es sei denn, man hat seine Leute), aber wenn man gelenkig ist, kann man sie auch vom Boden aufheben, indem man seinen Oberkörper so stark abknickt, daß man mit einer Hand auf den Boden gelangen kann. Das ist aber auf die Dauer nicht weniger anstrengend, als ab- und aufzusteigen.
- Also am besten, man lernt das Einradfahren ganz schnell, dann hat man diese Probleme nicht mehr.
- Das Muster ist wunderschön ausbaufähig, denn fast alle Jongliermuster lassen sich auch auf dem Einrad vollführen!

Übungen:

○ Jongliere die Kaskade beim Pendeln und beim Fahren. (Je 50 Würfe)
○ Jongliere die Kaskade beim einbeinigen Pendeln. (20 Würfe)
○ Jongliere die Kaskade beim Rückwärtsfahren (gefährlich). (15 Würfe)
○ Jongliere die Kaskade und fahre ganz enge Kurven (Slalom). (20 Kurven)
○ Mache die Übungen der Kaskade auf dem Einrad

Spezialmuster

Purzelbaum

Ich liebe dieses Muster.

1. Wirf einen Ball so hoch wie du kannst und so genau wie du kannst senkrecht nach oben und fang ihn wieder! (30 ×)
2. Strecke deinen linken Arm aus, Handfläche nach oben, und bewege ihn nicht mehr. Nun wirf mit rechts einen Ball in die linke Hand, ohne diese zu bewegen. (100 ×)
3. Halte deine linke Hand irgendwo in die Gegend. Bei jedem Wurf unterschiedlich. Wirf nun wieder den Ball in diese linke Hand, ohne diese zu bewegen. (100 ×)
4. Wirf einen Ball so hoch wie du kannst und so genau wie du kannst etwas nach vorne und mache eine Vorwärtsrolle, einen Purzelbaum, einen Ritt-

berger, einen Handstandüberschlag oder Ähnliches, fang dich wieder und fange den Ball. (15 ×)

5. Jongliere davor und danach drei Bälle (10 ×)

Ein donnernder Applaus wird ertönen.

Tips:

- Dieses Muster ist anfangs vielleicht frustrierend, aber nach einiger Zeit stellt sich der Erfolg immer schneller und sicherer ein. *GEDULD!*
- Laß dir Zeit beim Purzelbaumeln und fange den Ball ganz entspannt.

Übungen:

○ Wirf den Ball leicht nach hinten und mache, solange er in der Luft ist, einen Rückwärtssalto oder einen Flick-Flack. (Schwer) (1 ×!!)

○ Schlage einen Purzelbaum, bleibe danach auf dem Rücken liegen und jongliere über dem Kopf weiter. (3 × 15 Würfe)

Der Phantasie sind keine Grenzen gesetzt.

Pirouette

1. Jongliere die Kaskade oder ein anderes Muster und wirf den letzten Ball senkrecht sehr sehr hoch in den Himmel. Drehe dich um 180° um deine Längsachse und schaue sofort wieder nach oben und fange den herunterkommenden Ball. (30 ×)
2. Nun drehe dich ganz herum, ohne zu jonglieren. (20 ×)
3. Schneller (20 ×)
4. Noch schneller (20 ×)
5. Wunderbar. Jongliere, wirf den letzten Ball hoch, drehe dich einmal ganz um deine eigene Achse und fange den Ball. (20 ×)
6. Jetzt jongliere weiter, anstatt den Ball zu fangen (10 ×)

Tips:

- Sieh rechtzeitig nach oben.
- Gib dir am Anfang sehr viel Mühe mit dem genauen senkrechten Hochwerfen des letzten Balles. Das hilft.
- Wenn dir schwindlig wird, drehe dich einfach in die andere Richtung.
- Drehe dich, indem du deinen Drehpunkt auf eine Fußspitze legst und dir mit dem anderen Fuß Schwung gibst.
- Während des Drehens nach oben zu sehen macht die Pirouette ungenau, und du verlierst leicht das Gleichgewicht und fällst hin.

Übungen:

- ○ Mache 5 Pirouetten hintereinander während einer Jonglage. (Schaffst du nur drei, bist du auch sehr gut)
- ○ Mache zwei Drehungen, während der Ball in der Luft ist! (3 ×)
- ○ Springe hoch und drehe dich dabei (5 ×)
- ○ Mache eine Pirouette und fange den Ball im Mund. (2 ×)
- ○ Fange den Ball, indem du dich bückst, zwischen deinen Beinen durchgreifst und ihn dort hinter dem Rücken erwartest. (10 ×)

Patzerretter

Diese Muster dienen dazu, heruntergefallene Bälle wieder in die Hände zu bringen, ohne sich bücken zu müssen.

Uno

Klemme den am Boden liegenden Ball zwischen die Hacken deiner beiden Füße. Springe hoch, winkele die Beine an und schleudere ihn hinter deinem Rücken über deinen Kopf in eine von deinen Händen und lande wieder. (25 ×)

Tip:

- Du mußt eine Weile üben, um den richtigen Zeitpunkt im Gefühl zu haben, zu dem du den Ball aus der Hackenklemmung befreist. Denn läßt du ihn zu früh los, fliegt er weit nach hinten weg, läßt du ihn zu spät los, landet er dir im Rücken.

Es gibt noch eine andere Möglichkeit, einen Ball elegant aufzuheben:

Due

Klemme den Ball zwischen die Fußballen und schiebe ihn mit dem linken Fuß auf den rechten Fuß hinauf, so daß er zwischen Fußrücken des rechten und Fußballen des linken Fußes eingeklemmt ist. Nun spreize die Zehen des rechten Fußes so, daß sie eine Mulde bilden, und nimm den linken Fuß wieder herunter. Der Ball liegt jetzt ruhig in der Mulde des rechten Fußes. Jetzt brauchst du nur noch den Ball hochzukicken.(30 ×)

So hebst du jetzt jeden Ball auf.

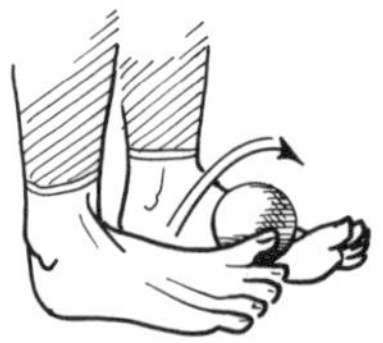

Tips:

- Übe, auf einem Bein zu stehen.
- Übe das Muster erst mit weichen Bällen, dann mit Kunststoffbällen.

Übungen:

○ Bringe einen Ball in die Mulde eines Fußes und schwinge dieses Bein hin und her, ohne den Ball fallen zu lassen! (20 Schwünge)

○ Balanciere in den Mulden beider Füße zwei Bälle und kicke sie gleichzeitig mit einem Hocksprung hoch. (5 ×) (Schwer)

○ Bringe zwei Bälle auf einen Fuß und kicke sie gleichzeitig hoch. (Doublekick!)

Test

1. Wirf aus der Kaskade 10 Beinwürfe.
2. Wirf aus der Kaskade 10 Rückenwürfe.
3. Wirf aus der Kaskade drei Rückenwürfe hintereinander. (rechts-links-rechts).(10 ×)
4. Wirf aus der Kaskade einen Ball mit rechts dreimal von hinten über die rechte Schulter, dann einmal hinter dem Rücken in die linke Hand und von da noch mal dreimal über die Schulter, aber diesmal die linke. (5 ×)
5. Jongliere im Liegen, stehe dabei auf und mache als Abschluß eine Pirouette.
6. Jongliere in der Hocke mit den Unterarmen in den Kniekehlen die Rückwärtskaskade. (20 Würfe)
7. Jongliere drei Armwürfe mit rechts und sofort anschließend drei Armwürfe mit links, *ohne* zwischendurch in die Kaskade überzugehen. (10 ×)
8. Jongliere, mache eine Pirouette, setze dich danach hin, fange den Ball, indem du im Sitzen weiterjonglierst. (3 × 20 Würfe)
9. Jongliere Federball über dem Kopf. (10 Würfe)
10. Führe vor einem mindestens dreiköpfigen Publikum eine zweifache Pirouette vor. Sollte sie dir nicht gelingen, hebst du den Ball mit einem Patzerretter auf und jonglierst dem Publikum drei weitere Muster vor, bevor du die zweifache Pirouette erneut versuchst.
11. Wirf einen Ball hoch, schlag ein Rad, greife dabei zwei bereitliegende andere Bälle und jongliere mit dem dritten die Kaskade. (3 × 20 Würfe)

4. Muster für Fortgeschrittene

Du beherrschst jetzt schon weit über 100 Variationen der Dreiballjonglage, wenn du alle Lernschritte und Übungen durchjongliert hast. Langsam ist es wirklich Zeit zu überlegen, wie man das alles wirkungsvoller in *einer* Jonglage unterbringen kann. Probiere also ab heute, in deinen Übungsstunden ein paar schöne Übergänge von einzelnen Mustern zu anderen zu suchen. Dabei werden dir bestimmt wieder neue Mustervarianten über den Weg fliegen, also noch mehr Bereicherung der Jonglage. Trotzdem bist du immer noch in den Anfängen der Dreiballjonglage. Deswegen folgt jetzt das nächste Kapitel auf dem Weg zum Dreiballprofi. Viel Spaß!

Puppenspiel mit Handwechsel

ACHTUNG: Erst kapieren, dann jonglieren.

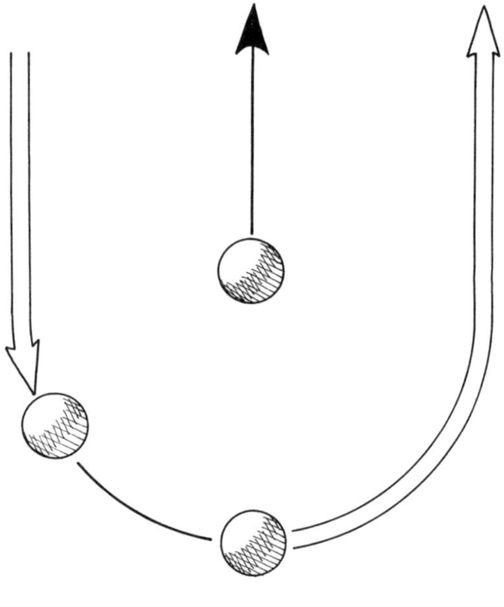

Laß zwei Bälle in der rechten Hand wippen und bewege einen Ball in der linken Hand über dem in der rechten Hand links wippenden auf und ab. Wenn der rechte Ball der rechten Hand oben ist, dann hast du den linken Ball der rechten Hand gerade gefangen, und die linke Hand schwebt dicht über dem gefangenen Ball. Die beiden Handrücken sind einander abgewandt und übereinander. Nun bewege die rechte Hand mit dem Ball darin etwas nach rechts oben und drehe die Handfläche nach unten. Dann bewege die linke Hand mit dem Ball darin nach rechts unten und drehe sie mit der Handfläche nach oben. Jetzt stehen sich wieder die Handflächen gegenüber, und die Hände sind übereinander. Jongliere nun die Wippe mit der linken Hand und ihrem Ball und dem herunterkommenden Ball, und führe die rechte Hand über dem rechten Ball der linken Hand auf und ab.

Der rechte Ball der rechten Hand wird zum linken Ball der linken Hand und der linke Ball der rechten Hand wird zum rechten Ball der rechten Hand. (30 Wechsel)

Tips:

- Lege die Bälle vor dich auf einen Tisch und bewege sie nach der Anleitung oben Satz für Satz systematisch und langsam, um dir den Bewegungsablauf klarzumachen.
- Eigentlich hast du (vorausgesetzt, du hast das verstanden) nur die Seiten gewechselt.
- Versuche aus dem anfänglichen Wirrwarr eine schöne Bewegung zu machen, und du wirst sehen, wie es die Zuschauer begeistert.
- Lasse die Schultern unten, alles andere sieht zu verkrampft aus.

Übungen:

○ Mache dabei eine Bewegung, die dem Kinderwiegen ähnelt. (20 Würfe)
○ Versuche, die festgehaltenen Bälle nur mit den Fingerspitzen von Daumen-, Zeige- und Mittelfinger zu fassen. (20 ×)

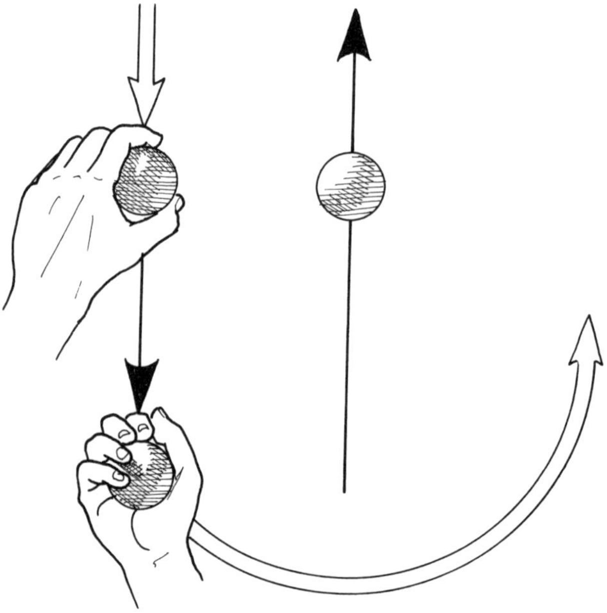

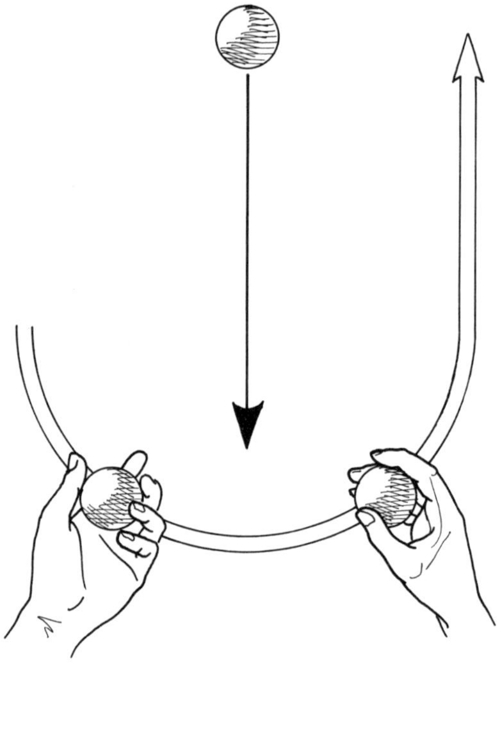

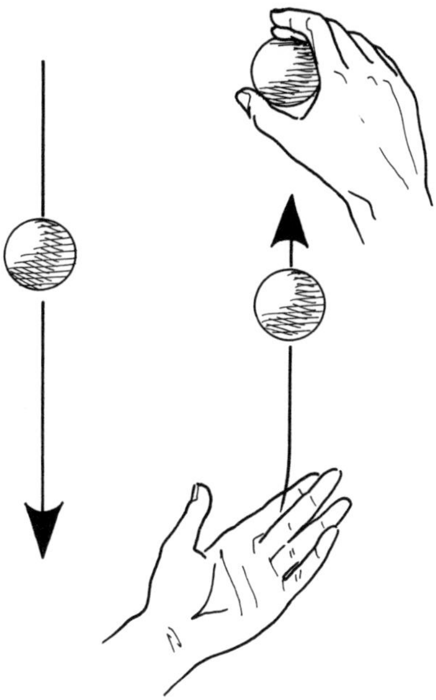

Blizzard

Jetzt kommt etwas, was ganz furchtbar schwer zu erklären ist. Ich hoffe, du kannst mir folgen. Am besten ist es, ein bißchen herumzuprobieren, wenn du das Prinzip ungefähr im Kopf hast. Du brauchst viel Geduld. Lies dir die Anleitung ein paarmal durch. Vielleicht hilft dir der eine oder andere, indem er die Bahn der Bälle, die du gerade nicht in den Händen hältst, nachvollzieht, damit ihr euch das Ganze in Zeitlupe klarmachen könnt.

Wenn du diesen Wurf übst, mußt du die Nummern, die in den Klammern stehen, laut sagen. Das hilft, und du wirst merken, daß das Muster dann einen Rhythmus bekommt.

1. Nimm zwei Bälle in die rechte Hand und einen (Nr. 3) in die linke. Kreuze die Arme, so daß der rechte Unterarm auf dem linken Unterarm liegt. Die rechte Hand ist jetzt links und die linke Hand rechts.

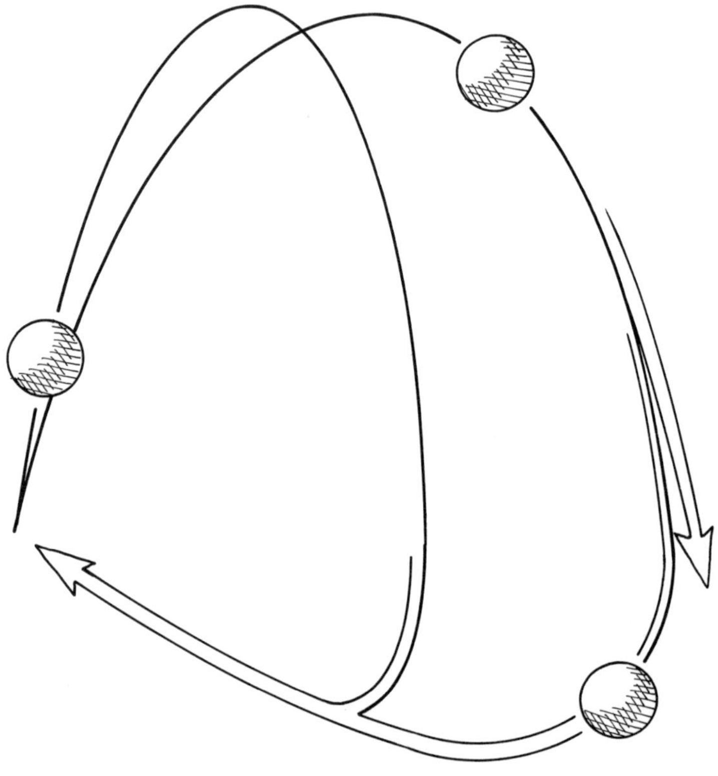

Wirf den ersten und zweiten in einem Bogen nach rechts (wie beim Shower).

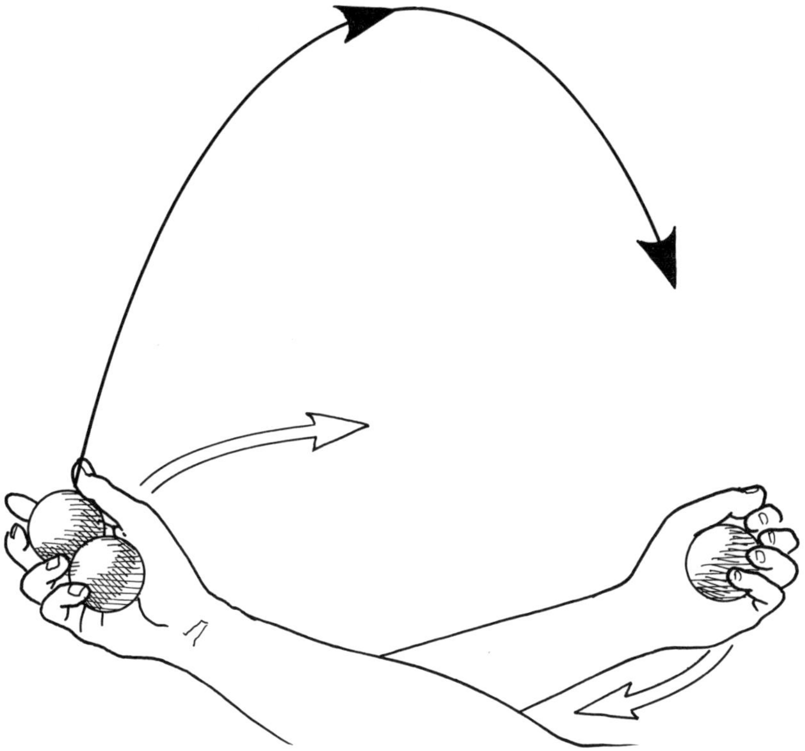

Währenddessen stelle die Unterarme parallel und fange Ball Nr. 1 mit der sich jetzt rechts befindenden rechten Hand.

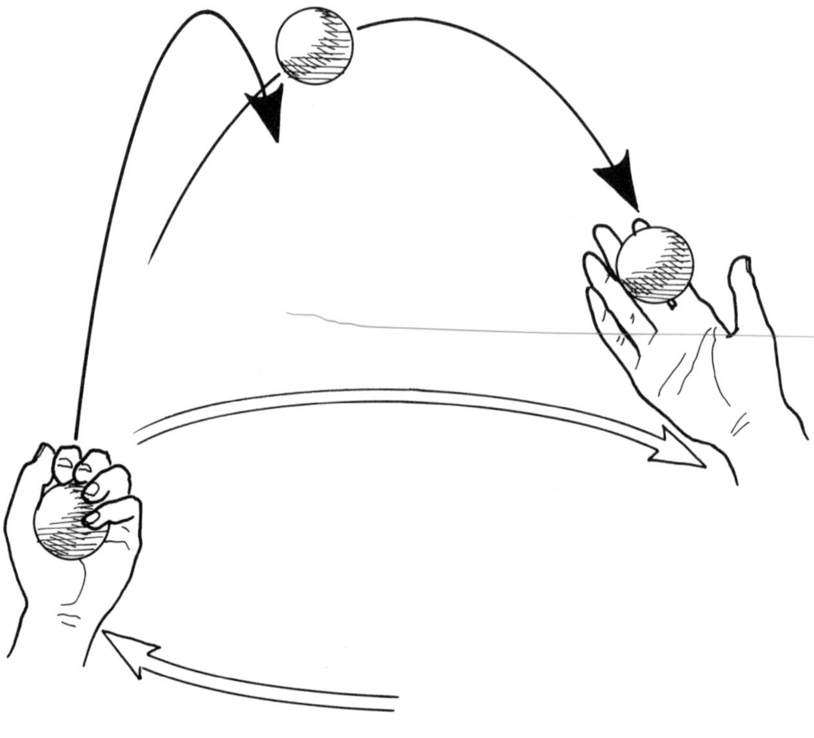

Wirf Ball Nr. 3 (zwei) aus der sich links befindenden linken Hand in leichtem Bogen rechts hoch und fange mit derselben Hand Ball Nr. 2.

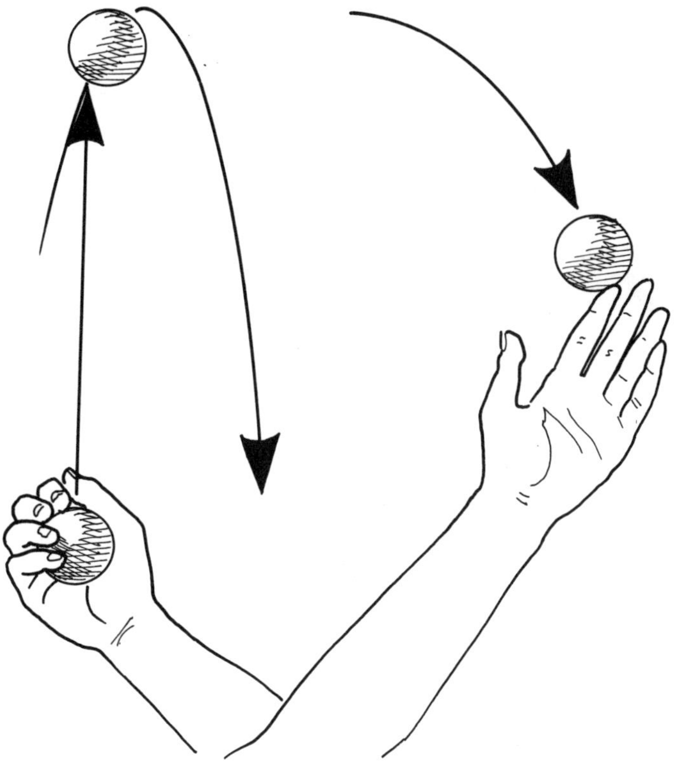

Bewege nun noch die rechte Hand mit Ball Nr. 1 schnell unter dem linken Arm durch, so daß die Arme sich wieder kreuzen, nur diesmal der linke Unterarm oben ist.

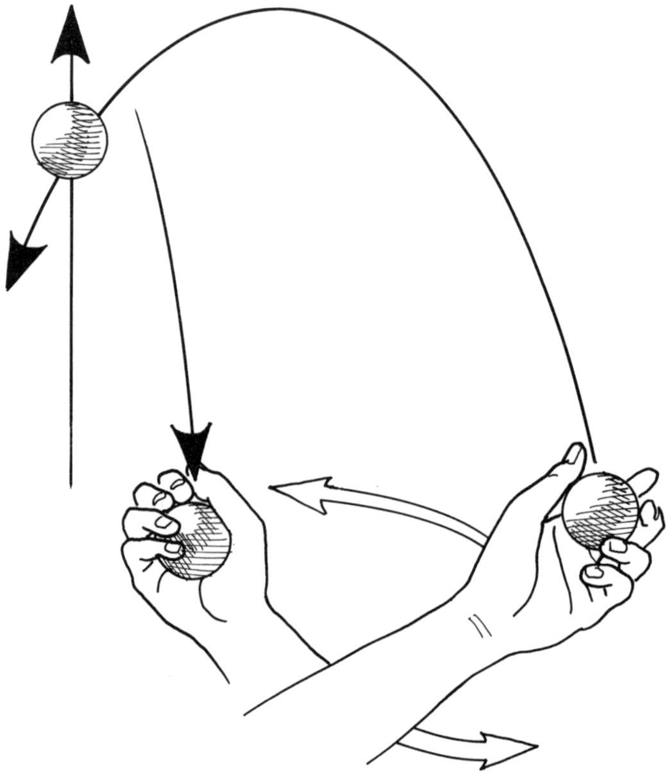

Fange mit der sich links befindenden rechten Hand den von oben kommenden Ball Nr. 3. (50 ×)

Tip:

- Wenn du es begriffen hast, kann dir nichts mehr passieren. Das Muster ist sehr regelmäßig, und die Unterarme sind von eingangs gekreuzter Haltung über eine parallele Stellung wieder gekreuzt worden.

2. Um diese Muster jetzt unendlich zu machen, sind es nur noch Kleinigkeiten: Der Anfang bleibt wie beschrieben, nur wirft man, bevor man Ball Nr. 3 fängt, Ball Nr. 1 (drei) aus der rechten Hand senkrecht hoch.

Dann fällt Ball Nr. 1 senkrecht runter, die linke Hand hat Ball Nr. 2 und die rechte Hand Ball Nr. 3.

Die sich rechts befindende linke Hand wirft nun Ball Nr. 2 (eins) in leichtem Linksbogen los und fängt Ball Nr. 1 in einer Bewegung, die die Unterarme wieder in die parallele Stellung bringt.

In demselben Bogen wirfst du nun mit der rechten Hand den rechten Ball los und fängst Ball Nr. 2 in einer Linksbewegung, so daß die inzwischen unter dem rechten Unterarm gekreuzte linke Hand ihren Ball Nr. 1 (drei) in leichtem Linksbogen loswerfen kann, um immer noch gekreuzt Ball Nr. 3 zu fangen. Dann geht das Ganze von vorne los. (30 Würfe)

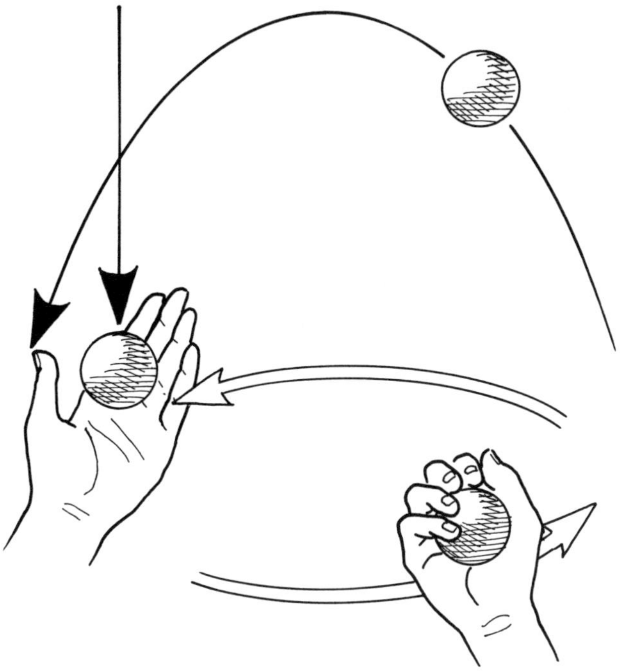

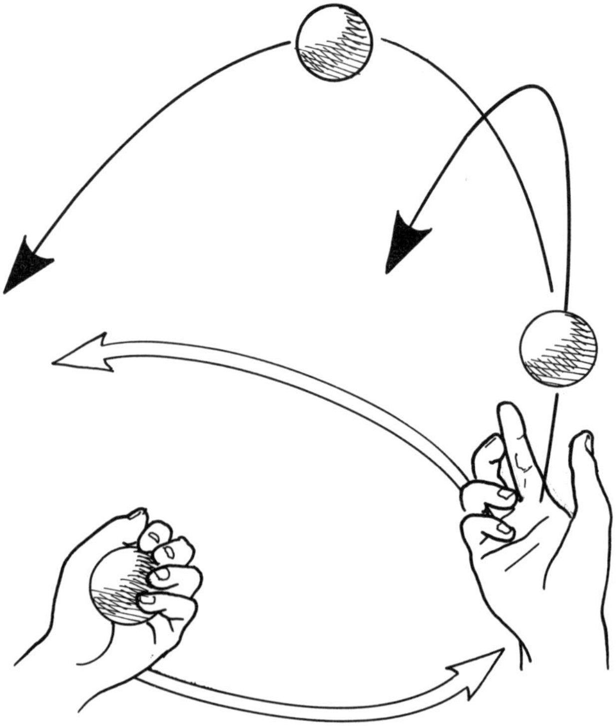

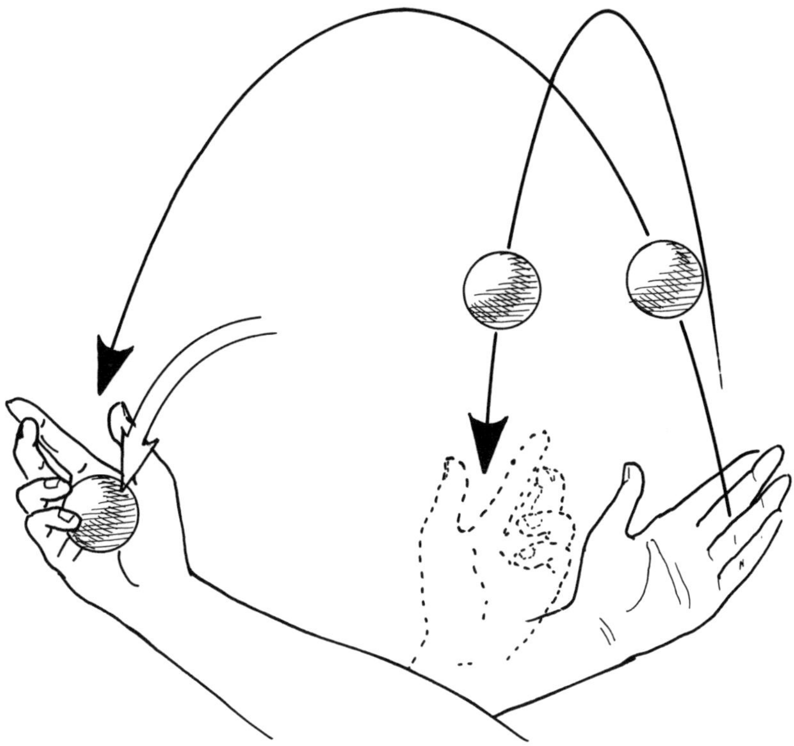

Tips:

- Während die Unterarme sich regelmäßig überkreuzen und wieder aufgehen, entsteht ein Schema, nach dem die Bälle im Bogen in Dreierreihen hintereinander hin- und zurückfliegen.
- Nicht denken, probiere es jetzt!
- Schultern lockerlassen.

Übungen:

○ Gehe aus der Rückwärtskaskade in das Blizzardmuster über. (10 ×)
○ Gehe aus der Kaskade in das Blizzardmuster über. (20 ×)
○ Beginne den Blizzard in der Standardhaltung, d. h. Hände parallel zueinander. (25 ×)
○ Baue in den Blizzard die Armjonglage mit Rückwärtskaskade ein. (15 ×)

Federball

1. Jongliere die Kaskade und suche dir einen Ball aus. Wenn er in die rechte Hand kommt, führe ihn unter dem linken Arm hindurch und wirf ihn senkrecht nach oben. Jongliere mit den anderen beiden Bällen weiter. Wenn er wieder herunterkommt, fängst du ihn wie üblich mit links. Aber nun wirfst du ihn nicht einfach so wieder nur hoch, sondern führst die linke Hand unter den rechten Arm und wirfst ihn mit gekreuzten Armen los. Dann normal weiterjonglieren. (50 ×)
2. Versuche nun diesen Ball als einzigen immer unter dem entsprechenden Arm hindurchzuwerfen. (30 ×)

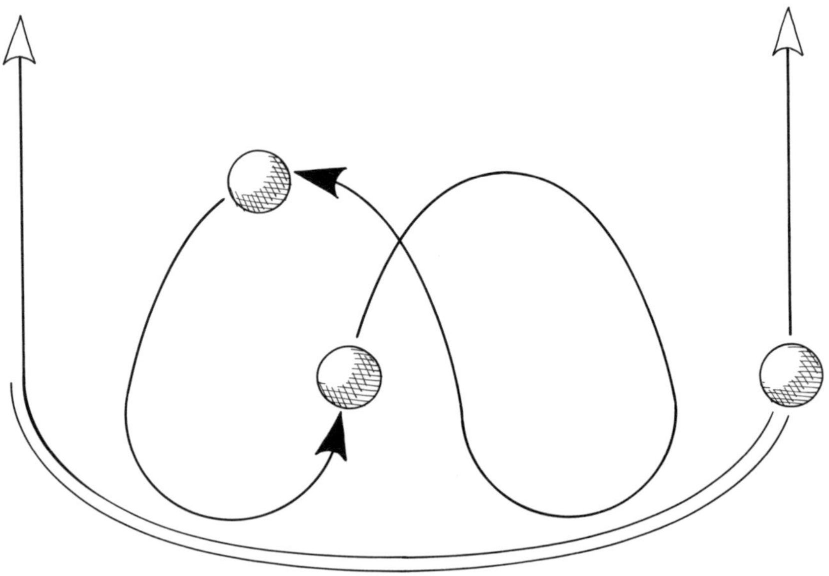

Tips:

- Wirf den «Federball» besonders hoch.
- Wirf präzise und regelmäßig.

Übungen:

○ Jongliere das «Netz» sehr schnell und den «Ball» sehr langsam. (30 Würfe)
○ Wechsele den «Federball». (5 ×)
○ Wirf den «Federball» abwechselnd unter und über das Netz. (10 ×)

Apfelessen

Dieses Muster wird die Menge begeistern.

1. Nimm einen Ball in die linke Hand und wirf ihn in hohem Bogen in Richtung rechte Hand. Wenn er am Umkehrpunkt ist, greifst du ihn mit der rechten Hand und führst ihn zum Mund, um ihn zu küssen. (50 ×)
2. Nimm 2 Bälle, einen rechts, einen links. Wirf den aus rechts los, und wenn er am Umkehrpunkt ist, wirf den aus links hoch und fange den ersten Ball mit links. Wenn der zweite Ball am Umkehrpunkt ist, greife ihn mit der rechten Hand, führe ihn zum Mund, küsse ihn und nimm ihn mit zurück in die Ausgangsstellung der rechten Hand (rechts unten). (25 ×)

3. Nimm drei Bälle in die Hände und suche dir einen Ball aus (deinen «Apfel»). Diesen nimmst du in die linke Hand. Die anderen beiden Bälle kommen in die rechte Hand wie üblich.

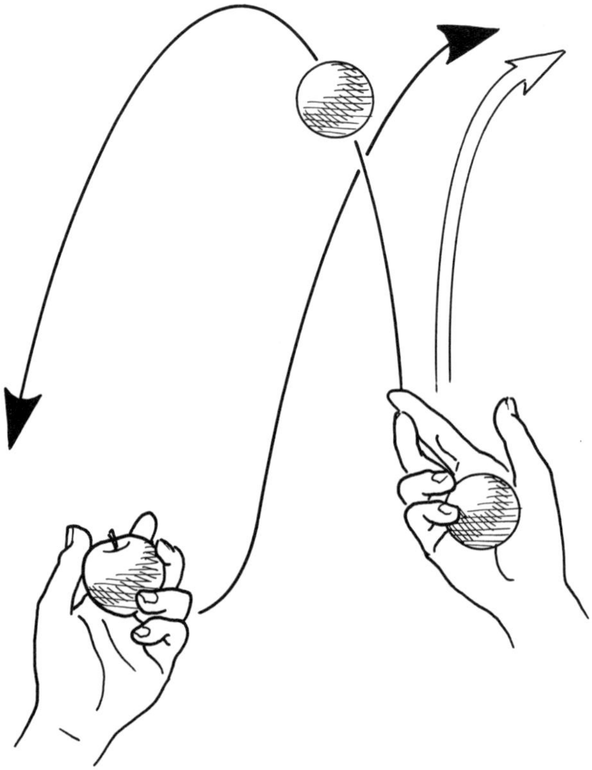

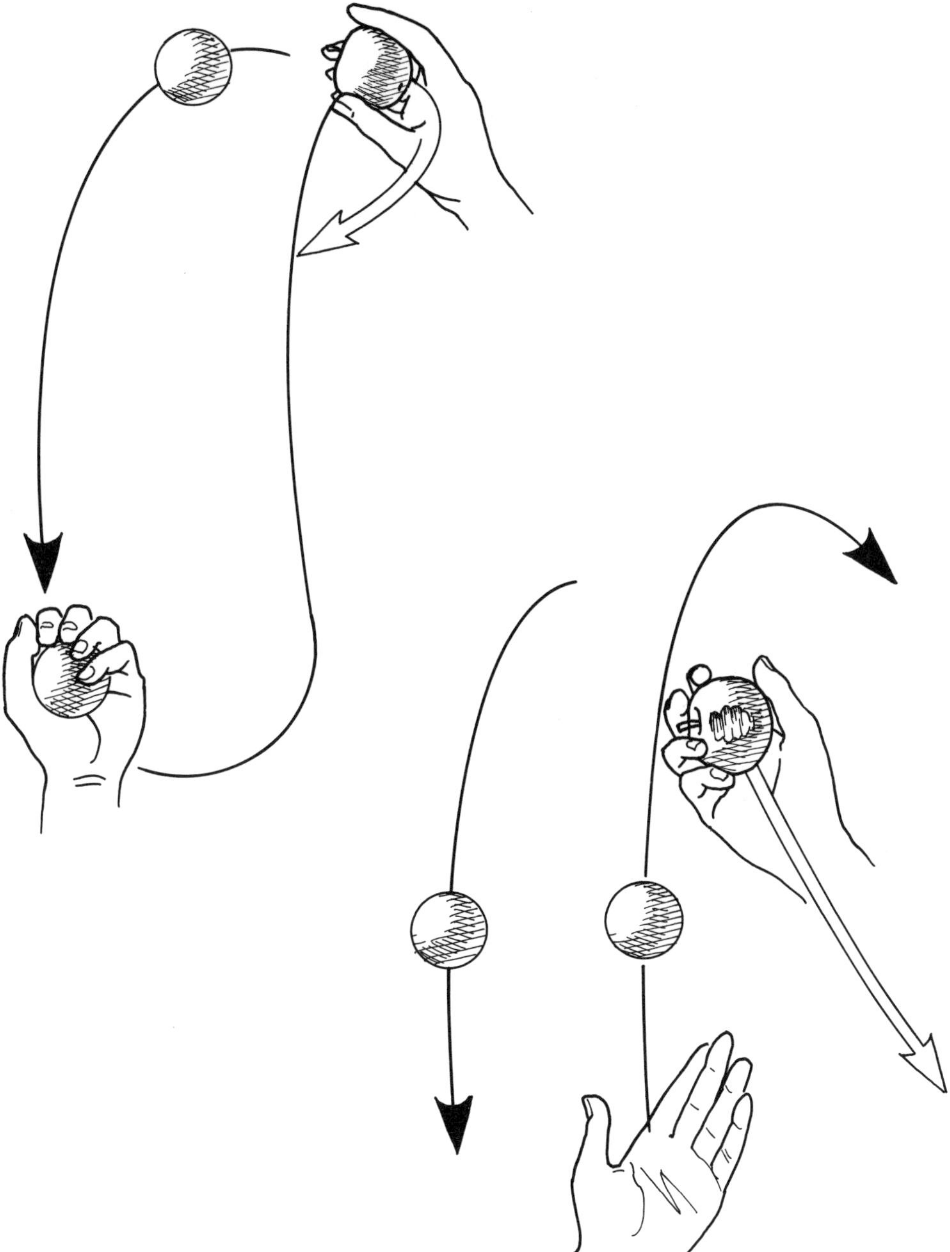

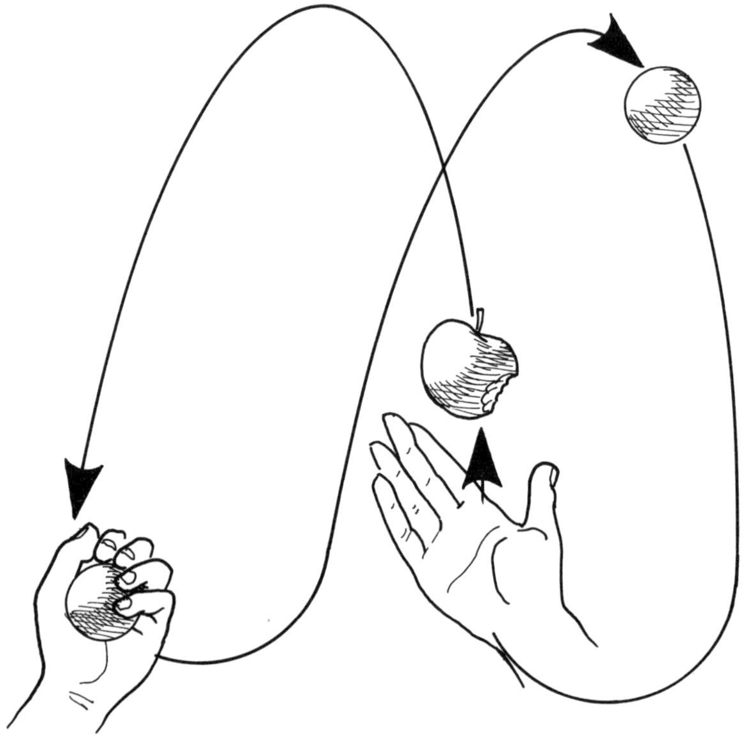

Beginne die Kaskade wie immer, und wenn der «Apfel» (Ball 2) aus links kommt und am Umkehrpunkt ist, hast du gerade Ball Nr. 3 aus rechts geworfen.

Achte darauf, diesen am Anfang besonders hoch zu werfen, damit du mehr Zeit zum Essen hast. Die rechte Hand war auf dem Weg nach oben und greift jetzt den «Apfel» aus links am Umkehrpunkt, führt ihn zum Mund, wo er geküßt wird. Inzwischen kommt der besonders hoch geworfene Ball wieder herunter und wird mit der linken Hand gefangen, die wiederum vorher den letzten Ball losgeworfen hat. Bewege nun die rechte Hand mit dem «Apfel» schnell in ihre Ausgangsstellung und wirf ihn wie gewöhnlich beim Herunterkommen des letzten Balles los.
(50 Küsse)

4. Ersetze nun das Küssen durch Beißen und den Ball durch einen richtigen Apfel.

Tips:

- Benutze anfangs keinen echten Apfel, denn nach einer Weile ist ein durch die Stürze fauliger Apfel nicht mehr so lecker.
- Wichtig ist, daß du den Apfel nicht erst nimmst, wenn er schon wieder unten ist, sondern wenn er sich am Umkehrpunkt befindet.
- Küsse jedesmal eine Zehntelsekunde länger.
- Benutze zum Üben zwei abwaschbare Kunststoffbälle und erst bei Perfektion drei Äpfel.
- Öffne den Mund weit genug.
- Wenn du nur einen Fetzen Schale abgebissen hast, nicht ein zweites Mal versuchen, richtig zuzubeißen. So viel Zeit hast du nicht.

Dieses Muster macht Spaß und ist gesund!

Übungen:

- ○ Nimm anderes Obst (Birnen ...) oder Gemüse (Gurken ...) und iß es, während du damit jonglierst, auf. (3 ×)
- ○ Führe den Apfel zum Mund und beiße nicht ab, sondern nur an, d. h., der Apfel bleibt im Mund stecken. Jongliere mit den zwei Restbällen (-äpfeln) weiter und lasse den Apfel im Mund erst nach einiger Zeit durch kräftiges Zubeißen zurück in die Jonglage fallen. (5 ×)
- ○ Iß auch mit links. (20 Bisse)
- ○ Jongliere mit drei Äpfeln und beiße bei jedem halben Wurf ab. Da hast du schnell einen vollen Mund, aber sehr viel Vergnügen. (5 Würfe)
- ○ Fange den Apfel immer so, daß du nicht in das angebissene Fruchtfleisch greifst und ihn so fängst, daß du keine klebrigen Hände bekommst. (30 Würfe)
- ○ Jongliere ein Ei, eine Banane und eine Gabel. Pelle das Ei und die Banane, während du jonglierst, iß die Banane auf und spieße das Ei als Abschluß auf die Gabel, indem du es auf die Zinken fallen läßt. (1 × !)

Karussell

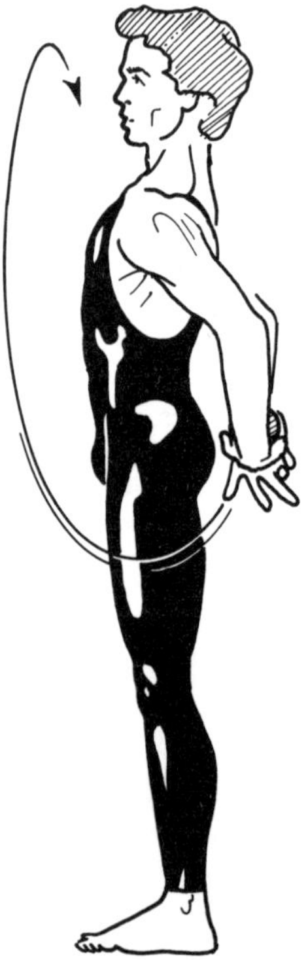

1. Gib einen Ball von der linken Hand hinter dem Rücken an die rechte Hand, wirf ihn von der rechten in hohem Bogen vor dem Körper in die linke und übergib ihn von dort wieder hinter dem Rücken an die rechte. (30 ×)
2. Beschleunige den Übergabevorgang und wiederhole den ersten Schritt noch 30mal.
3. Übergib den Ball jetzt so schnell du kannst und wiederhole den ersten Schritt noch 20mal.
4. Nimm zwei Bälle in die rechte Hand und wirf sie schnell hintereinander los. Sobald der erste in der linken Hand gelandet ist, übergib ihn hinter dem Rücken an die rechte Hand und wirf ihn dort sofort wieder los. (Ebenso mit dem zweiten Ball). (30 ×)
5. Nimm jetzt drei Bälle und jongliere das Karussell.

Es ist schwer, die Übergabe so genau zu machen, daß der Ball nicht in die Büsche fliegt.

Tips:

- Gehe etwas ins Hohlkreuz.
- Greife die Bälle richtig.
- Ziehe enganliegende Kleidung an, damit sich die Hände hinter dem Rükken nicht verhäkeln.

Übungen:

- ○ Jongliere das Karussell nicht um den Rücken, sondern um das gehobene Bein. (15 Würfe)
- ○ Jongliere das Karussell anders herum. (10 Würfe)
- ○ Jongliere die große Wippe so, daß du hinter dem Rücken übergibst. (5 Würfe)
- ○ Jongliere den Shower und wirf bei jedem 5. Wurf hinter dem Rücken vorbei. (10 ×)
- ○ Nimm einen langen Stock in den Mund und lasse die Bälle darum kreisen. (15 Würfe)

Hüftkaskade

1. Lege deinen rechten Arm hinten um die Hüfte herum, so daß die rechte Hand neben der linken Hüfte in Höhe des Bauchnabels hervorlugt. Du mußt dafür ziemlich ins Hohlkreuz gehen. Wirf nun in dieser Haltung einen Ball von der rechten in die linke Hand und wieder zurück. (30 ×)
   Der Weg ist sehr kurz!
2. Binge dir die Hüftkaskade selbst bei. (30 Würfe)
3. Kannst du locker links neben dem Rücken jonglieren, übe es auch rechts. (30 Würfe)

WIE KOMME ICH AUS DEM NORMALJONGLIEREN NEBEN DIE HÜFTE?

1. Jongliere die Kaskade wieder normal. Wirf einen Ball aus rechts besonders hoch, lege den rechten Arm besonders schnell um die Hüfte, und jongliere links neben ihr weiter, als sei nichts gewesen. (20 ×)

2. Nun stehst du ziemlich krumm da, wirf also einen Ball aus rechts wieder besonders hoch, ziehe diese Hand schnell wieder hervor und jongliere normal weiter. (20 ×)

Schwierigkeitsgrad 2:

3. Jongliere links neben der Hüfte und wirf einen Ball aus links besonders weit und besonders hoch nach rechts, ziehe den rechten Arm hervor und lege gleichzeitig den linken Arm um die Hüfte, so daß du den hohen Ball mit rechts fangen (natürlich vorher den in der rechten Hand befindlichen Ball loswerfen) und weiterjonglieren kannst. (20 ×)

   So kannst du jetzt immer hin- und herwerfen und zwischendurch auch einmal in der Mitte verharren.

   Dieses Muster bringt große Bewegung in die Jonglage.

Tips:

- Der Übungsablauf entspricht haargenau der Anleitung zur Kaskade; nur ist die ganze Sache nach links neben die Hüfte verschoben.
- Mache zwischendurch kleine Dehnungsübungen für die Rückenmuskulatur.
- Du mußt zwangsläufig sehr klein jonglieren, also übe es vorher noch einmal ordentlich.

Übungen:

- ○ Jongliere die Rückwärtskaskade neben der Hüfte. (30 Würfe)
- ○ Jongliere den Shower neben der Hüfte. (15 Würfe)
- ○ Wechsele das Plätzchen, an dem die Kaskade jongliert wird, folgendermaßen: Links neben der Hüfte, normal, zwischen den Beinen, über dem Kopf, rechts neben der Hüfte. (3 ×)
- ○ Wechsele von links neben der Hüfte vor den Bauch mit einem Flash und zurück. (10 ×)

Drei in einer Hand

Dieses Muster ist die Grundlage für die Jonglage von sechs Bällen, also übe es gut! Du brauchst sehr, sehr viel Platz und mindestens 6 Meter Freiraum über dir.

Du darfst die linke Hand jetzt erst einmal in die Tasche stecken oder hinter dem Rücken verschränken oder so.

1. Wirf mit der Rechten einen Ball so hoch und so senkrecht du kannst los und fange ihn wieder, ohne dich und die fangende Hand von der Stelle zu bewegen. (20 ×)
2. Wirf die kleine Wippe besonders hoch. (20 Würfe)
3. Jongliere das Ei rechtsherum (20 Würfe)

   Bis jetzt war es ja nichts Neues und schön einfach, aber ...

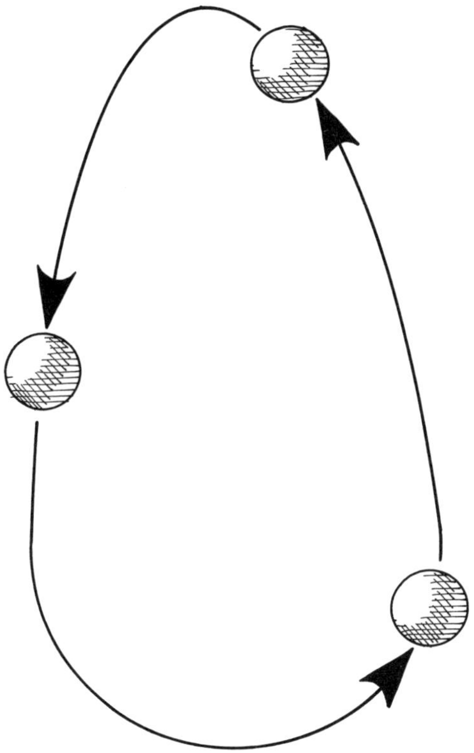

4. Nimm drei Bälle in die rechte Hand und wirf sie in einem Rechtskreis. (5 Würfe)
5. Steigere die Anzahl der Würfe.

Tips:

- Die einzige Hilfe ist, schön hoch zu werfen, obwohl dies auf Kosten der Genauigkeit geht.
- Laß dir von einem netten Menschen den Arm massieren, das hilft.
- Wenn die Bälle immer zusammenstoßen, versuche, die Bälle nicht in einem Rechtskreis, sondern in Form der Kaskade zu werfen. Den ersten nach rechts, den zweiten nach links, den dritten nach rechts usw. Nur wirf sie bloß nicht zu weit auseinander, sonst gibt's Hickhack.
- Laß dich nicht von den Bällen herumkommandieren!
- Knie dich hin.
- Das größte Problem nach dem Zusammenstoßen ist, daß dir die Bälle weglaufen. Dagegen hilft nur üben, üben, üben.

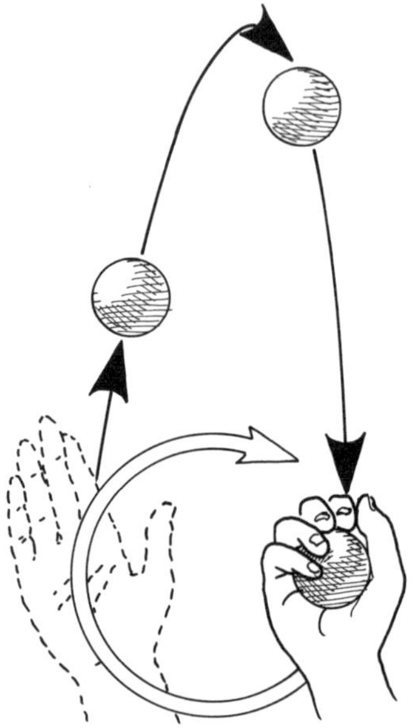

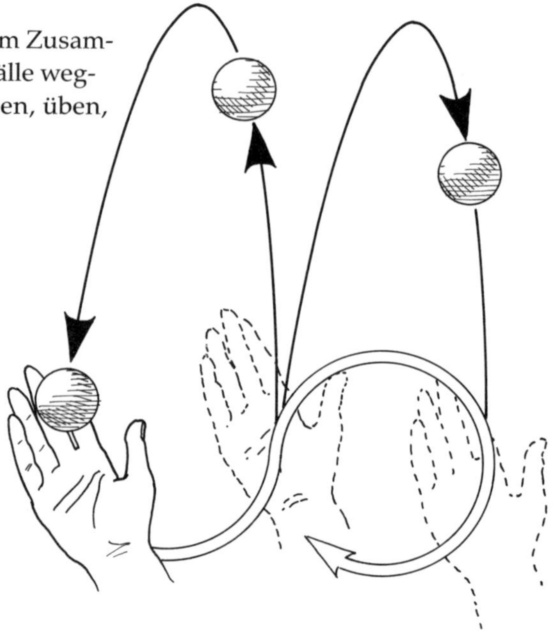

Schaffst du zehn Würfe, bist du recht gut, schaffst du 15, sehr gut, schaffst du 25, bist du super! (Das soll dir mal einer nachmachen)

Übungen:

- ○ Wirf die Bälle immer niedriger und beschleunige die Jonglage dadurch. (20 Würfe)
- ○ Jongliere die Rückwärtskaskade in einer Hand (schwer). (10 Würfe)
- ○ Jongliere drei Bälle in der linken Hand. (25 Würfe)
- ○ Wirf einen Ball in der linken Hand synchron zu einem der drei Bälle in der rechten Hand auf und ab. (10 Würfe)

(Das erste Mal 4 Bälle jongliert! Phantastisch)

- ○ Gehe aus der Kaskade in das Drei-in-einer-Hand-Muster über. (10 ×)
- ○ Iß eine Pflaume, während du in der linken Hand 3 Bälle jonglierst. (Sehr schwer).

Kopfroller

Dieses Muster begeistert vor allem kleine Kinder.

1. Im Prinzip funktioniert es genauso wie das Apfelessen, nur daß du den Ball nicht küßt oder in ihn hineinbeißt. Du fängst ihn im Umkehrpunkt ab, führst ihn aber zum Kopf, um ihn dort so abzulegen, daß er, wenn es die rechte Hand war, nach links rollt und in die linke Hand fällt. Setzt du ihn mit der linken Hand auf den Kopf, so soll er nach rechts rollen und in die rechte Hand fallen. (50 ×)

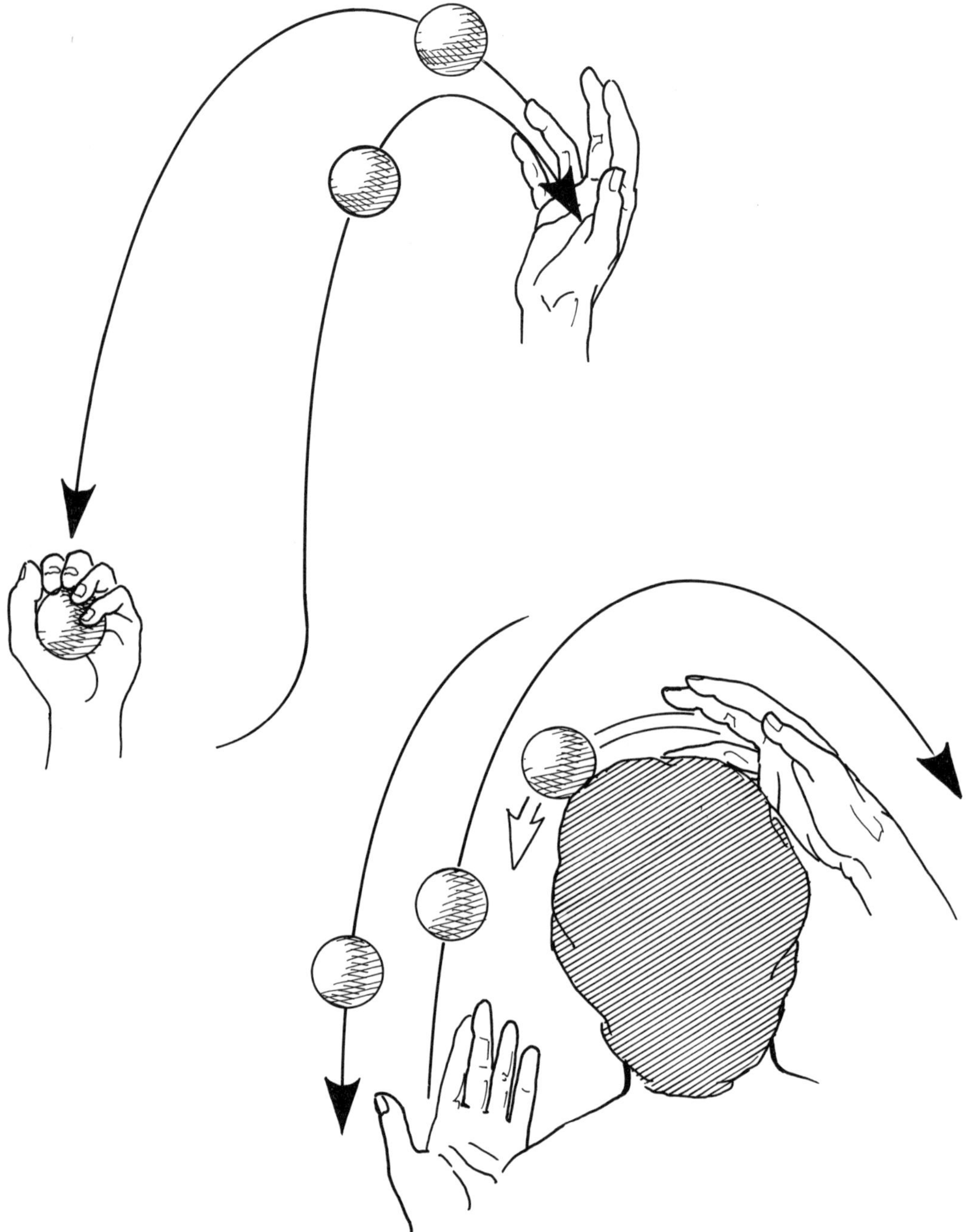

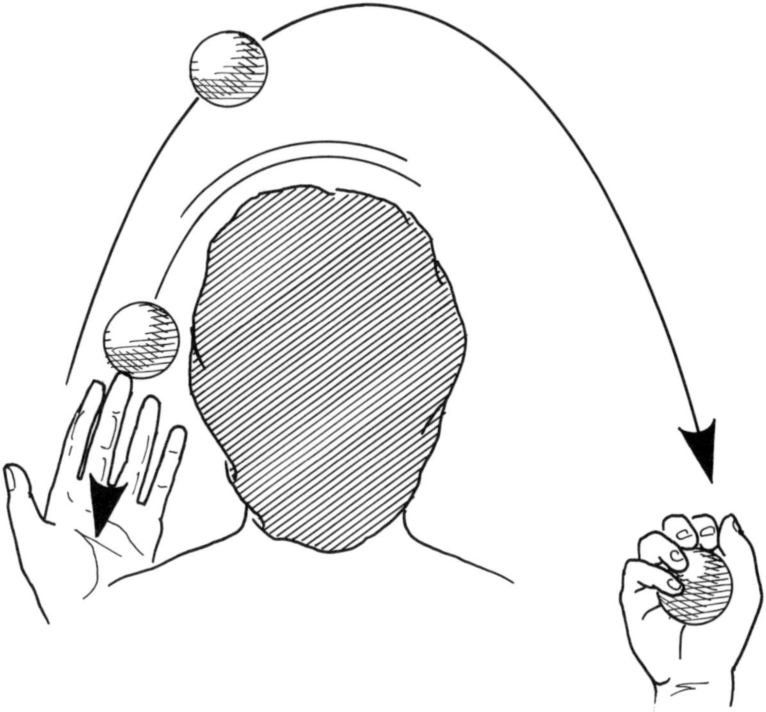

2. Wenn du eine Weile geübt hast, kannst du bei jedem Wurf aus links den Ball mit rechts auf den Kopf legen und ihn von dort wieder zurückrollen lassen. Dann befindet sich immer ein Ball auf dem Kopf, einer fliegt gerade von der linken zum Umkehrpunkt, und einer fällt gerade vom Kopf. (15 Würfe)
3. Schließlich kannst du jeden Ball, den du in die Hände bekommst, auf den Kopf legen. Das sieht dann, wenn man ein entsprechendes Gesicht macht, höchst albern aus. (10 Würfe)

Tips:

- Bitte paß auf deinen Kopf auf und benutze anfangs nur weiche Stoffbälle!
- Wenn du mit rechts einen Ball auf den Kopf gelegt hast, dann mußt du ja danach auch mit rechts einen Ball fangen. Es ist einfacher, wenn du diesen Ball krallst.
- Gib dir Mühe, die richtige Stelle auf dem Kopf zu finden und alle Bälle dort zu plazieren, damit sie passend herunterrollen.

Übungen:

- ○ Lege den Ball auf den Kopf und jongliere mit zwei Bällen weiter. Nimm ihn dann wieder herunter und setze die Jonglage fort. (5 ×)
- ○ Versuche die Bewegungen so gleichmäßig zu machen, daß du zum Schluß das Aufsetzen des Balles auf dem Kopf fast nicht mehr spürst. (30 Würfe)

Orangjonglage

Dies ist noch so ein Muster, das ziemlich komisch aussehen kann.

Deswegen heißt es auch Orangjonglage, weil die Haltung der Hände ähnlich der eines Orang-Utans ist. (Jedenfalls nach meiner Erinnerung an den letzten Zoobesuch)

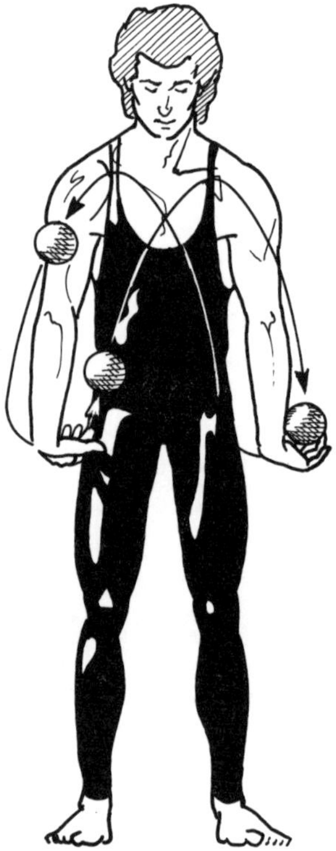

1. Nimm einen Ball in die rechte Hand und drehe die Handfläche nach unten. Nun drehe die Handfläche noch weiter linksherum, so daß die Handfläche mit einiger Mühe wieder nach oben zeigt. Jetzt strecke den Arm und lasse die Handhaltung so, wie sie ist. Der Rücken des Handgelenkes berührt fast den Oberschenkel, und die Finger zeigen nach vorne rechts, die Schultern sind automatisch nach vorne innen geneigt.

   Drehe nun die Hand wieder in die normale Position und wirf den Ball in hohem Bogen zur linken Hand los.

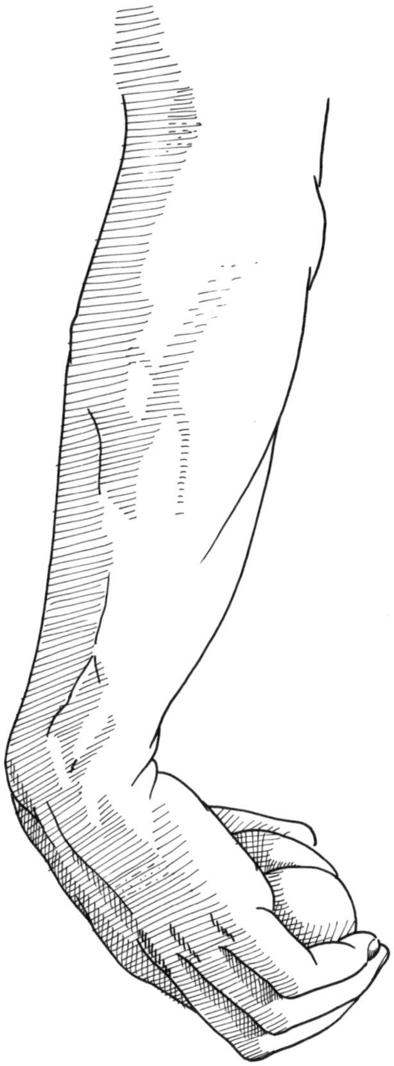

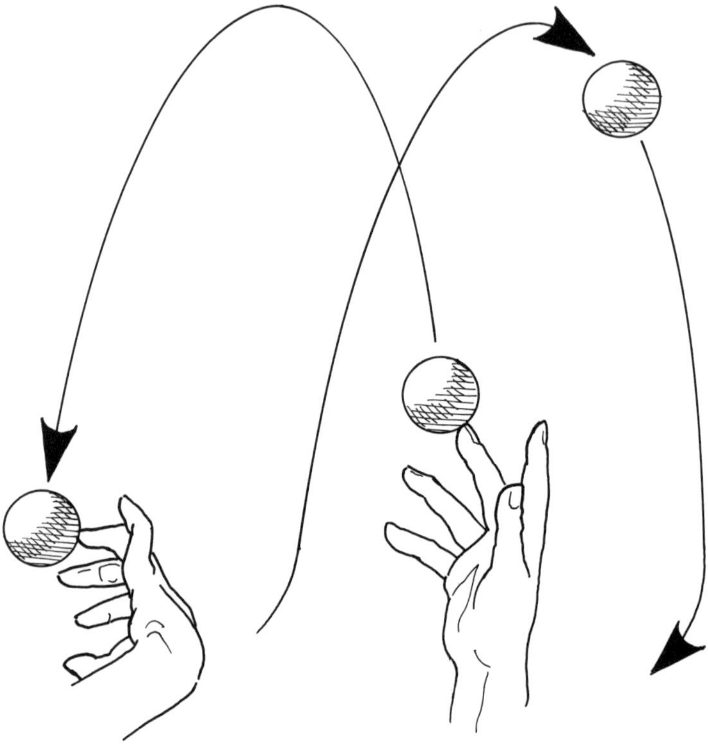

Drehe die linke Hand analog zur Beschreibung der Handhaltung der rechten in die obengenannte Position, nun aber am linken Oberschenkel und fange den Ball mit gestrecktem Arm. Drehe die linke Hand nun wieder in die normale Position und wirf den Ball wieder zurück in die rechte, die den Ball mit ausgedrehtem Handgelenk fängt. (100 ×)

Jetzt hast du dich einigermaßen an die Wurfart gewöhnt, nicht?

2. Nimm nun zwei Bälle und tausche sie wie bei der Kaskade aus, jedoch fängst du sie anders als üblich. (70 ×)
3. Lerne die Kaskade mit den nach außen gerichteten Händen. (30 Würfe)

Tips:

- Jongliere die Kaskade und drehe nur eine Hand nach außen, also benutze nur eine Hand in der Orang-Form. Jongliere eine Weile, bis du dich sicher fühlst, sodann wechsle die Hand, mit der du orangmäßig jonglierst. Nun kannst du es noch mal riskieren, beide Hände zu verdrehen und trotzdem einigermaßen normal zu jonglieren.
- Strecke die Arme beim Fangen der Bälle.
- Halte deinen Oberkörper ruhig.
- Ziehe die Schultern nicht hoch.

Übungen:

○ Wechsele zwischendurch die Handhaltung (Krallen, normal, Orang, gekreuzt) (5 ×)
○ Gehe aus der Kaskade in die Orangjonglage über. (13 ×)
○ Versuche dabei wie ein Orang-Utan auszusehen! (Immer)

Test

1. Wechsele 10mal die feste Hand beim Puppenspiel.
2. Mache 8 Dreierreihen des Blizzards.
3. Jongliere das Federballmuster und lasse den «Ball» in einem Kreis das Netz 10mal umkreisen. (Oben rüber, unten durch)
4. Iß einen mittelgroßen Apfel, während du mit ihm jonglierst, vollständig auf, so daß du zum Schluß nur noch zwei verklebte Bälle in den Händen hältst. (Waschen)
5. Wechsele 4mal die Seite beim Jonglieren neben der Hüfte (in einem Schwung; ohne Zwischenaufenthalt vor dem Bauch)
6. Gib während des Showers 10mal einen Ball hinter dem Rücken durch.
7. Wirf 6 Würfe Drei-in-einer-Hand mit rechts, wirf sie dann in die linke Hand und wirf dort auch noch 6 Würfe und fange schließlich alle drei Bälle sicher in der linken Hand.
8. Lasse 15 Bälle hintereinander über deinen Kopf rollen.
9. Jongliere 3mal 20 Würfe mit der Orangjonglage.
10. Suche dir ein Muster aus, wirf 30 Würfe und einen schönen Abschluß. (Z. B. Nackenfang)

Jetzt bist du schon ein(e) ziemlich gute(r) Jongleur(in)!

Du kannst dich schon ohne Furcht trauen irgendwo aufzutreten, um anderen eine Freude zu machen oder Geld zu verdienen.

Du solltest langsam anfangen, die einzeln gelernten Muster phantasievoll aneinanderzureihen und neue zu erfinden, um dem Ganzen eine Struktur zu geben.

5. Schöne Pausenmuster

Pausen sind dazu da, in einer Nummer das Publikum auf ein besonders schwieriges, wichtiges oder lustiges Muster hinzuweisen oder einfach nur dem Publikum Zeit zu geben, seiner Begeisterung in stürmischem Applaus Luft zu machen.

Für die meisten Pausen sind Stoffbälle am geeignetsten. Sie springen also nicht weg, wenn man sie fallen läßt.

Es gibt viele schöne Pausenvariationen:

Die einfachste Art, eine Pause in seine Jongliernummer einzubauen, ist, den oder die sich in der Luft befindenden Bälle zu fangen. Schluß!

Man könnte dieses Muster noch verschönern, indem man die Bälle besonders elegant mit einem Aus- und Nachschwingen abfängt und sich damit verbeugt. *Oder so:*

Handrücken

1. Nimm einen Ball in die rechte Hand, wirf ihn senkrecht hoch, drehe die rechte Handfläche nach unten, spreize die Finger (spanne sie an), hebe die Hand, und wenn der Ball seinen Umkehrpunkt erreicht hat, schiebe diese Hand unter den Ball und lasse den Ball zwischen Zeige- und Mittelfinger landen, indem du die fangende Hand so mit senkst, daß du den Ball in einer gleichmäßigen Abwärtsbewegung abfängst. (100 ×)

   Du kannst den Ball auch direkt im Umkehrpunkt fangen, indem du die gespreizte Hand darunterschiebst.
2. Übe das Fangen, während du außerdem noch einen Ball in der rechten Hand festhältst. (50 ×)

Tips:

- Der Ball soll in der V-förmigen Öffnung zwischen Zeige- und Mittelfinger landen.

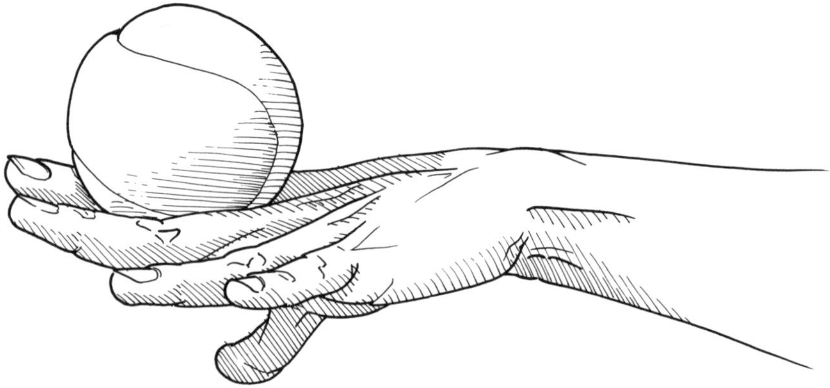

- Wenn du das Muster gut beherrschst, mußt du nicht mehr mit so großen Bewegungen abfedern. Aber es funktioniert nicht, den Ball auf die nur hingehaltene Hand draufplatschen zu lassen.
- Spreize letztendlich *nur* den Zeige- und Mittelfinger.

Übungen:

○ Übe das Muster mit der linken Hand. (50 ×)
○ Jongliere die Säulen und fange die beiden gleichzeitig fliegenden Bälle mit beiden Handrücken. (10 ×)
○ Fange den Ball auf dem Handrücken erst wenn er schon wieder auf halbem Wege vom Umkehrpunkt unten ist. (Gut abfedern) (30 ×)
○ Jongliere die Kaskade und beende sie, indem du den letzten Ball auf dem Handrücken fängst. (56 ×)
○ Mache eine Pirouette und fange den Ball auf dem Handrücken. (10 ×)

Fuß

Dieses Muster ist schon erheblich schwieriger als das vorige!

Nimm einen Ball und wirf ihn senkrecht nach oben, aber nicht sehr hoch.

Hebe ein im Knie gebeugtes Bein so hoch, wie du es ohne große Anstrengung kannst. Spreize die Zehen so, daß sie eine Mulde bilden. Lasse den Ball in dieser Mulde landen und fange den Stoß mit dem Strecken des Beines so ab, daß der Ball zum Schluß ruhig in der Zehenmulde bei fast oder ganz gestrecktem Bein liegt. (30 ×)

Tips:

- Es geht viel einfacher, wenn du deine Schuhe ausziehst und barfuß jonglierst.
- Paß auf, daß das Knie nicht im Wege ist.

Übungen:

- ○ Bleibe nach jedem Fußfang für ca. 10 Sekunden so stehen. (Fürs Gleichgewicht)
- ○ Kicke den Ball gleich wieder zurück, sobald er in der Mulde sicher gelandet ist. (30 ×)
- ○ Lasse aus dem Shower einen Ball in die Mulde fallen. (5 ×)
- ○ Hebe den Fuß nur noch 10 cm hoch, bevor er den Ball fängt. (30 ×)

Das isses!

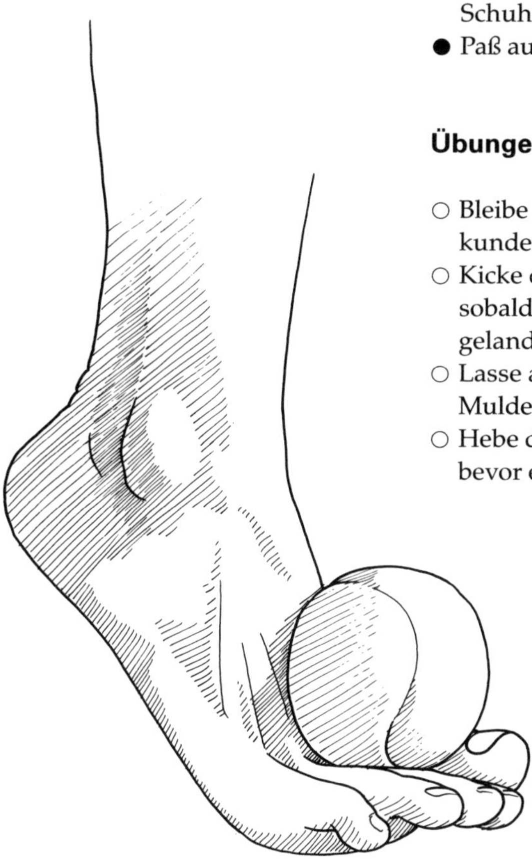

Stirn

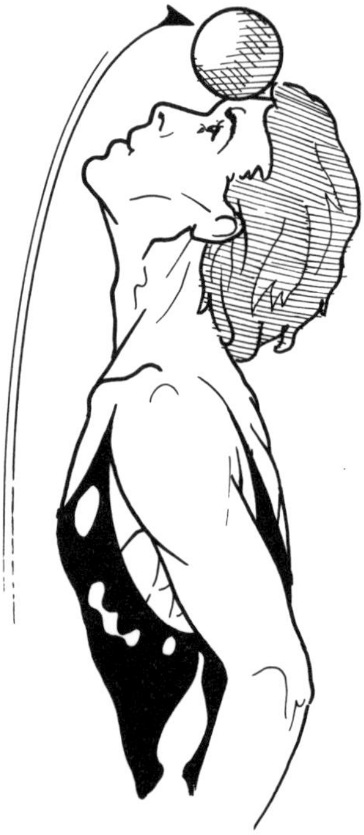

1. Lege den Kopf zurück und lege einen Ball auf die Stirn, um ihn zu balancieren. (20 × 20 sec) Benutze einen harten, leicht rollenden Ball!
2. Nimm nun einen weichen Stoffball. Wirf ihn so hoch, daß er seinen Umkehrpunkt genau in Stirnhöhe hat. Lege nun den Kopf weit zurück und schiebe den Kopf unter den Ball. Dem Ball müßte sämtliche Bewegungsenergie fehlen, so daß er ruhig auf der Stirn liegenbleibt. Zum Abschluß läßt du den Ball einfach nach vorne über die Nase in die Hand rollen. (50 ×)

   Wie behalte ich den Ball auf der Stirn?

Tips:

- Du mußt selbst ausprobieren, an welcher Stelle des Kopfes er am sichersten liegenbleibt. Eine recht sichere Stelle ist die im Zentrum des T's, das von Augenbrauen und Nase gebildet wird.
- Achte darauf, möglichst keine Haare in der Stirn zu haben, denn dann rutscht der Ball viel schneller wieder herunter.
- Schwierig ist es, diese Pause in die Jonglage einzubauen. Aber das Üben bringt's.

Übungen:

- ○ Lasse einen auf der Stirn gefangenen Ball in das T zwischen Nase und Augenbrauen rollen, halte ihn dort 5 sec und lasse ihn anschließend wieder zurück auf die Stirn rollen. (30 ×)
- ○ Benutze einen harten Gummi- oder Plastikball. (Achtung!) (15 Fänge)
- ○ Lasse den Ball von der Stirn auf das linke Ohr rollen, warte 5 sec, rolle ihn über die Stirn auf das rechte Ohr, warte 5 sec, rolle ihn zurück auf die Stirn, lasse ihn von da aus den Rücken herunterrollen und fange ihn. (5 ×)
- ○ Wirf aus einer Jonglage dreimal einen Ball auf die Stirn, warte jeweils 5 sec. und jongliere weiter. (10 ×)

Armbeuge

Dies ist in meinen Augen eines der elegantesten Muster, und mit weichen Stoffbällen ist es auch zu schaffen.

Im Prinzip funktioniert es wie die Kopfpause:

Wirf einen Ball mit links in Höhe der rechten Schulter.

Hebe den rechten Arm und schiebe deine Armbeuge unter den Ball. Du mußt den Arm in dem Moment ganz ausstrecken, in dem der Ball genau am Umkehrpunkt ist. Dabei hebst du den Arm so, daß er im gestreckten Zustand waagerecht ist (damit der Ball nicht hinunterrollt). Der Ball liegt jetzt an der breitesten und flachsten Stelle, nämlich genau in der Armbeuge.

Willst du den Ball wieder vom Arm loswerfen, so knicke den Arm etwas ein und strecke ihn dann wieder blitzartig. Der Ball wird dadurch in die Luft befördert. (100 ×)

Tips:

- Achte darauf, daß der Ball sozusagen in der Luft liegenbleibt, indem du ihm unmittelbar mit der Streckung des Armes abfängst.
- Zu Anfang wird der Ball oft herunterrollen oder durch eine noch nicht vollständige Streckung weggekickt werden. Das liegt ausschließlich daran, daß der Ball zu hoch oder zu niedrig geworfen wurde.
- Halte den Arm waagerecht!
- Ziehe die Schulter nicht hoch, wenn du den Arm streckst, das sieht so verkrampft aus.
- Das Wegkicken muß schnell geschehen, denn sonst hat der Ball zuwenig Schwung und rollt einfach vom Arm herunter.

Versuche eleganter zu werden!

Übungen:

○ Fange einen Ball in der Armbeuge, senke den gestreckten Arm, und lasse den Ball einfach in die rechte Hand hineinrollen. (25 ×)
○ Fange einen Ball aus irgendeiner Jonglage irgendwann plötzlich in der Armbeuge. (30 ×)
○ Fange den Ball auf dem Unterarm. (20 ×)
○ Benutze harte Bälle! (50 Fänge!)
○ Fange einen Ball in der rechten Armbeuge, schleudere ihn wieder los und fange ihn in der linken Armbeuge. Zurück analog. (20 ×)

Nacken

Der Nackenfang ist ein wundervoller Abschluß einer Jonglage, da man sich dabei automatisch verbeugt.

Knicke deinen Oberkörper ab und bringe ihn in die Waagerechte. Dabei nimmst du den Kopf hoch, so daß du geradeaus guckst. Breite die Arme wie ein Vogel aus, während du dich vorbeugst, so daß zwischen Kopf und Schulterblättern eine Mulde entsteht.

In dieser Mulde muß der Ball nachher landen. Stelle dich wieder normal hin, wirf einen Ball nicht zu hoch senkrecht los und blicke ihm nach. Fange ihn in der Nackenmulde. (60 ×)

Um den im Nacken liegenden Ball wieder zurückzuholen:

a) Richte dich auf, lasse den Ball den Rücken hinunterrollen und fange ihn mit einer Hand zwischen den Beinen. (30 ×)
b) Rolle dich plötzlich ein und lasse den Ball über den abgesenkten Kopf nach vorne rollen, um ihn, wenn er gerade über den Hinterkopf rollt, mit einem Zurückschleudern des Kopfes in die Luft zu befördern und dann zu fangen. Diesen richtigen Moment zu finden ist nicht einfach, aber die Übung macht's. (30 ×)

Tips:

- Wichtig ist, daß du bis zuletzt den Ball anguckst, um genau zu merken, wo er herunterkommt.
- Wenn der Ball immer schön landet, aber herunterrollt, dann liegt das daran, daß du entweder den Oberkörper nicht waagerecht abgeknickt hast (gehe zur Sicherheit mit dem Kopf noch etwas tiefer) oder die Stirn nicht hoch genug hältst (du mußt fast den Himmel sehen können) oder die Arme nicht hoch genug genommen hast. (Die Schulterblätter müssen die Haut auf deinem Rücken in Falten legen.)
- Es muß in den Kniekehlen etwas ziehen.

Jetzt klappt's! Nicht wahr?

Fange 10mal den Ball im Nacken, dann bist du schon ganz gut, fang ihn 15mal hintereinander, und es geht weiter, fange ihn sicher 20mal hintereinander, und du solltest den Nackenfang in deine Nummer einbauen.

Viel Erfolg.

Übungen:

- ○ Fange einen Ball auf dem Kopf und lasse ihn in den Nacken rollen. Anschließend schleudere ihn mit dem Kopf in die Lüfte und jongliere weiter. (10 ×)
- ○ Fange einen Ball im Nacken, lasse ihn auf den Rücken und wieder zurück rollen. (10 ×)
- ○ Mache eine Pirouette und fange den Ball im Nacken. (10 ×)
- ○ Wirf aus der Jonglage einen Ball hoch, lasse dich in den Liegestütz fallen und fange den Ball im Nacken. (10 ×)
- ○ Fange einen Ball im Nacken, lasse ihn den Rücken bis zum Gürtel hinunterrollen und bleibe in der Waagerechten stehen. Lasse dir einen weiteren Ball zuwerfen, den du ebenfalls im Nacken fängst und die Wirbelsäule entlang zum anderen Ball hinunterrollen läßt. Setze das Spielchen fort, bis auf deinem Rücken kein Platz mehr ist. (1 ×)

Kicks

Jetzt kommt eine Serie von Mustern, die Fußballern besonders leichtfallen sollten.

Es gibt unendlich viele Möglichkeiten, einen oder mehrere Bälle an einer oder mehreren Körperstellen springen zu lassen.

1. Jongliere die Kaskade, wirf einen Ball davon hoch und kicke ihn mit dem Knie wieder in die Jonglage zurück. (20 ×)
2. Dasselbe geht natürlich auch mit dem Fuß. Lasse einen Ball aus der Jonglage herunterfallen und kicke ihn im letzten Moment mit einem Fuß wieder zurück. Dabei triffst du den Ball wieder in der Mulde zwischen Zehen und Spann. (30 ×)

Tip:

- Konzentriere dich bei jedem Kick auf die Stelle, auf der der Ball springen soll.

Übungen:

- ○ Benutze den Spann zum Kick. (10 ×)
- ○ Benutze die Armbeuge zum Kick, indem du den Ball gar nicht richtig fängst, sondern gleich wieder wegspringen läßt. (15 ×)
- ○ Natürlich kannst du auch den Ball auf deinen Schultern springen lassen oder auf dem Hinterkopf oder auf dem Handrücken... (jeweils 20 ×)
- ○ Kicke den Ball mit der Fußsohle in die Jonglage zurück. (25 ×)
- ○ Lasse den Ball mehrmals hintereinander an einer Stelle springen. (3 Stellen à 5 Sprünge)

Bombe

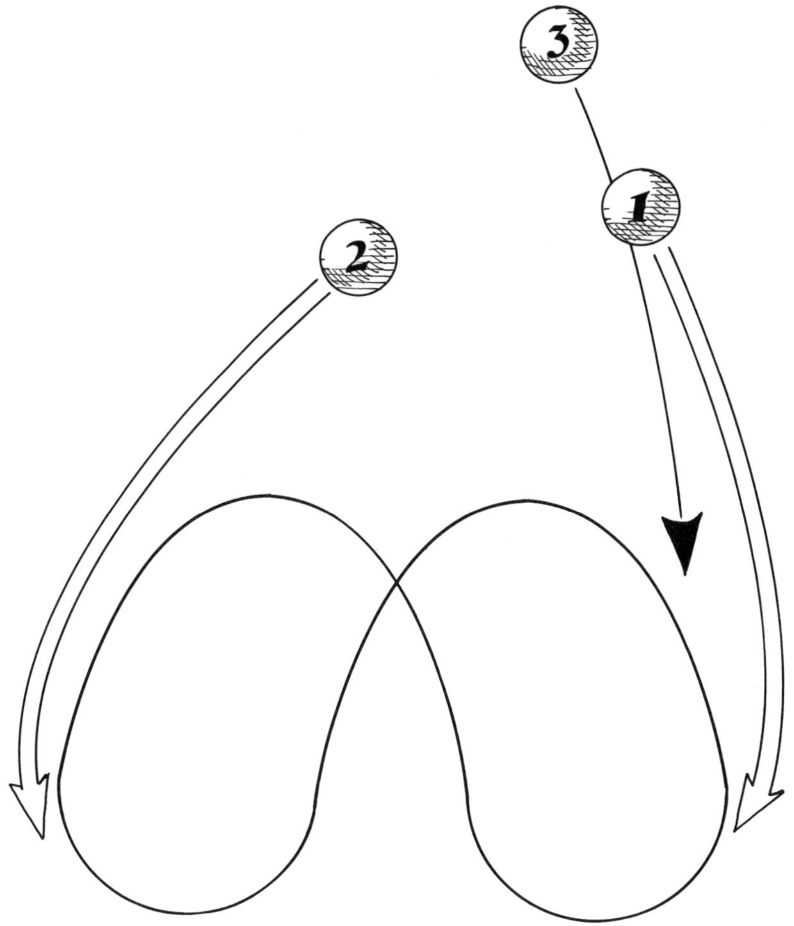

Nimm drei Bälle in die rechte Hand. Wirf alle drei Bälle los, kralle die beiden äußeren Bälle mit beiden Händen, noch bevor sie im Umkehrpunkt sind, und jongliere die Kaskade mit dem dritten, dann später herunterkommenden Ball. (50 ×)

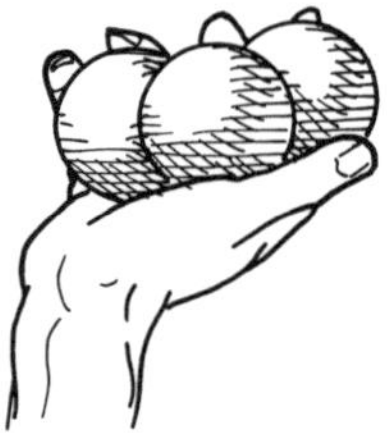

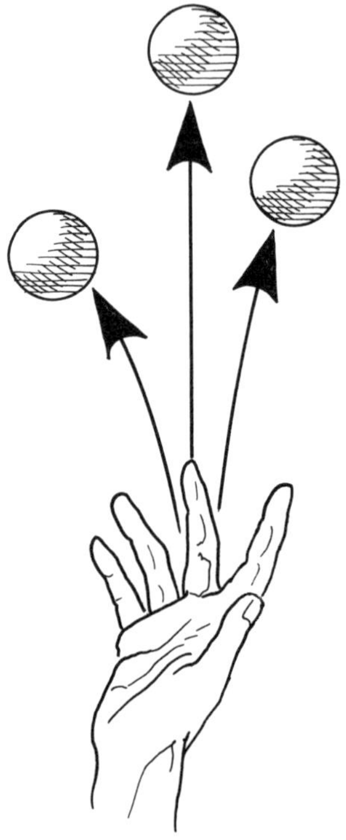

Tips:

- Manipuliere den Wurf so aus dem Handgelenk, daß wirklich zwei Bälle außen fliegen und einer höher als die anderen in der Mitte fliegt.
- Die beiden äußeren Bälle fliegen eher flach, der mittlere Ball fliegt am höchsten.
- Du mußt die beiden äußeren sehr bald nach dem Abwurf krallen.

Übungen:

○ Kralle die Bälle nicht, sondern greife sie normal von unten. (20 ×)
○ Kralle auch den dritten Ball und die sich anschließende Rückwärtskaskade. (30 Würfe)
○ Wirf die Bombe und jongliere sofort anschließend drei in einer Hand. (10 Würfe)

Pausenvariationen

Kickfolgen

1. Jongliere die Kaskade und suche dir einen Ball aus. Nun kicke diesen vom Fuß zum Knie, vom Knie zur rechten Schulter, von der rechten zur linken Schulter, von der linken Schulter zum linken Knie und von da zum linken Fuß, von da zum Hinterkopf, und jongliere weiter. (20 ×)
2. Ich glaube, du kannst dir selbst Kickvariationen (je nachdem, wie enthusiastisch du bist) ausdenken. (10 × 5 Kicks)

Handrückenwechsel

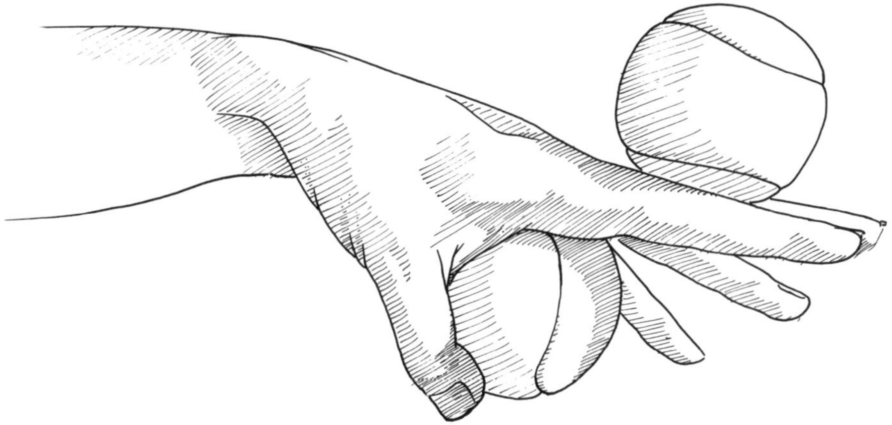

Lasse einen Ball aus der Kaskade auf dem rechten Handrücken landen (zwischen Zeige- und Mittelfinger). Jetzt hast du in dieser Hand einen Ball auf dem Handrücken und einen richtig in der Hand. Wirf beide Bälle gleichzeitig hoch und greife schnell (sehr schnell) den oberen Ball und lasse den unteren auf dem Handrücken landen. (30 ×)

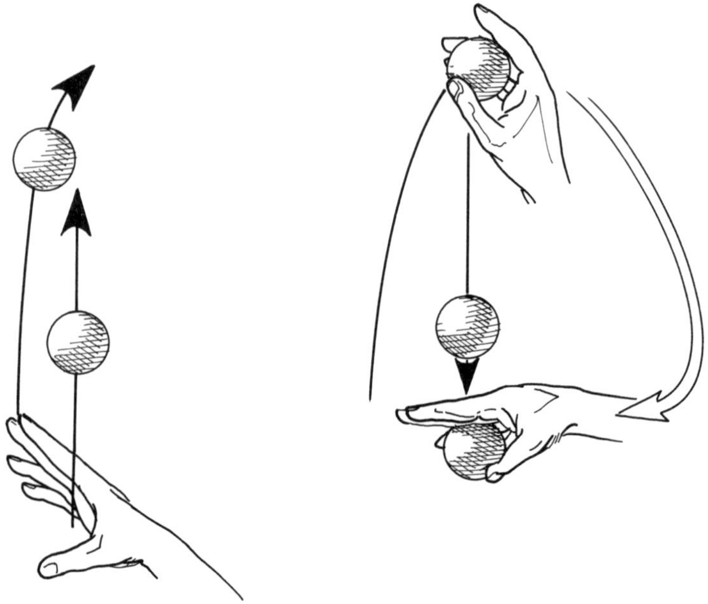

Die Bälle haben die Plätze getauscht? Wunderbar!

Tips:

- Vergiß das Abfedern nicht.
- Wirf die Bälle anfangs besonders hoch.
- Benutze vorerst ganz weiche Stoffbälle.

Übungen:

○ Benutze harte Kunststoffbälle. (20 Wechsel)
○ Übe das Handrückenwechselmuster mit links. (40 Wechsel)
○ Wechsele in jeder Hand zwei Stoffbälle gleichzeitig! (1 ×) (4 Bälle jongliert!)

Armbeugenwechsel

Lasse einen Ball aus der Kaskade in deiner rechten Armbeuge landen. Die Handfläche dieses Armes mit einem Ball darin zeigt nach oben. Wirf den Ball aus der Hand hoch, greife dann den Ball aus der Armbeuge, indem du den Arm schnell abknickst, und fange im Strecken den herunterkommenden Ball mit leichtem Federn in der Armbeuge.

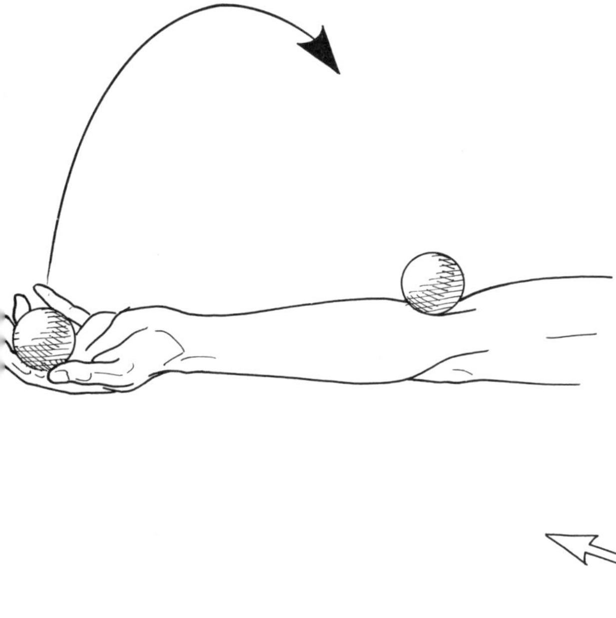

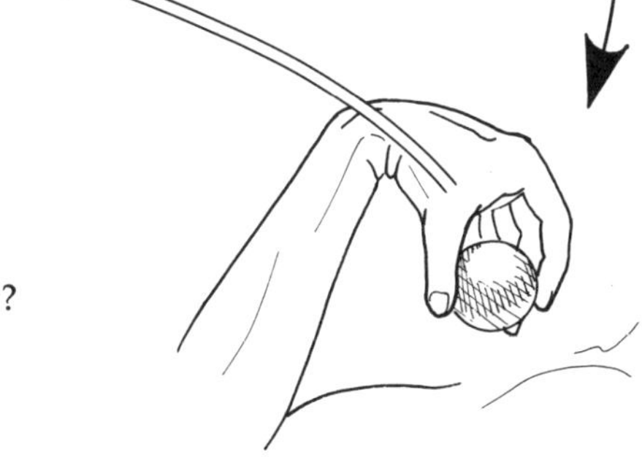

Die Bälle haben die Plätze getauscht! Oder?

Tips:

- Krempele die Ärmel hoch.
- Der Arm muß immer waagerecht sein, wenn du einen Ball fängst.
- Mache eins nach dem anderen. Erst wirf den vorderen Ball los, dann greife den Ball in der Armbeuge, und erst dann fange den ersten Ball. Du sollst nicht alles gleichzeitig machen.

Retterkaskade

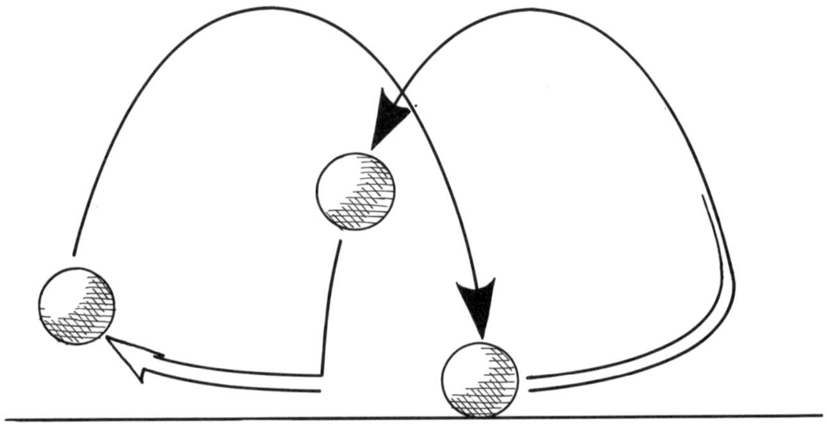

Fällt dir (aus Versehen) einmal ein Ball aus der Jonglage, dann mußt du ihn ja nicht unbedingt aufheben, sondern kannst ja die beiden anderen Bälle auch noch hinunterschmeißen.

Aber bitte mit System: Wirf den Ball aus rechts links neben den liegenden Ball, und schnapp dir diesen noch in dieser Bewegung. Knie dich dabei hin.

Nun wirf den Ball aus links rechts neben den liegenden Ball, und greife dir diesen in der Bewegung. Du jonglierst die Rückwärtskaskade am Boden. Du kannst dann noch ein nettes Gesichtchen machen, und dein Publikum ist wieder glücklich. (90 Würfe)

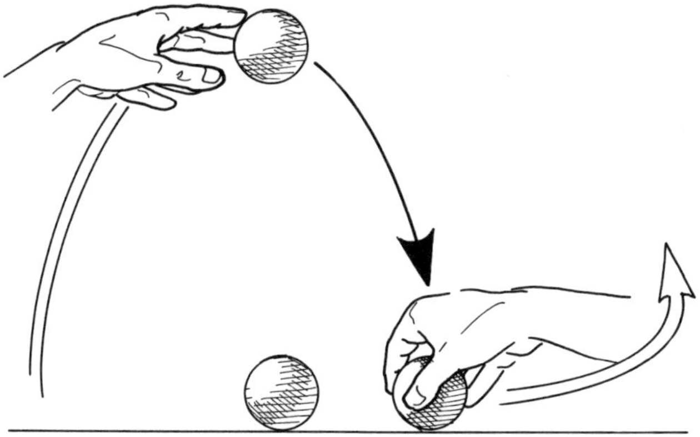

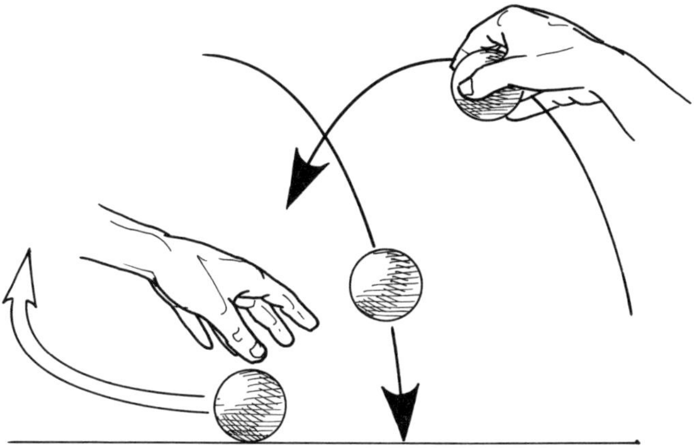

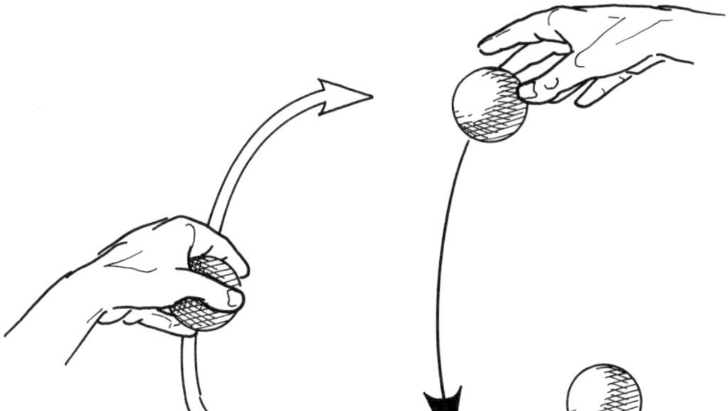

Tips:

- Du krallst die Bälle vom Boden weg.
- Benutze Kunststoffbälle.
- Wenn du eines Abends im Bett zufällig drei Bälle zur Hand hast, dann jongliere einfach auf deiner Bettdecke ein bißchen die Retterkaskade. (30 Würfe)

Übungen:

- ○ Jongliere die Retterkaskade jedesmal, wenn dir ein Ball hinunterfällt.
- ○ Versuche den Anschluß der Retterkaskade an das Herunterfallen so zu machen, daß das Herunterfallen wie beabsichtigt aussieht!
- ○ Jongliere sehr klein. (30 Würfe)

Test

1. Fange 10 Bälle aus einer Kaskade auf dem Handrücken und kicke den letzten mit dem Fuß in die Kaskade zurück. (5 ×)
2. Fange einen Ball mit dem rechten Fuß und wirf ihn mit dem Fuß so hoch, daß du ihn mit dem Nacken fangen kannst. Von da lasse ihn über den Kopf rollen und kicke ihn mit einer Kopfbewegung wieder in die Jonglage. (Du hast ausnahmsweise 15 Versuche) (5 ×)
3. Nimm drei Stoffbälle und jongliere die Kaskade. Fange einen Ball auf der Stirn. Senke den Kopf ganz langsam und lasse den Ball über die Nase rollen. In dem Moment reißt du den Mund auf und beißt in den Ball. Jetzt steckt dir ein Ball im Mund. Nun noch kurz mit den Augen zwinkern und ihn ausspucken und weiterjonglieren. Am besten wirkt das Muster mit Mirabellen. Diese kannst du gleich ganz in den Mund nehmen (aufpassen, Kern). Wenn du es schaffst, eine Stachelbeere auf deinem Kopf landen zu lassen, so darfst du sie gleich verschlucken... (10 ×)
4. Fange 10mal einen Ball aus einer Jonglage in der Armbeuge. Den letzten Ball läßt du mit dem in der Hand platzwechseln.
5. Fange 15 Bälle im Nacken und verbeuge dich jedesmal schön tief und lächele!
6. Kicke einen Ball mit dem Spann des rechten Fußes zum Ellenbogen des linken Armes, von da zur Armbeuge des rechten Armes und fange ihn mit dem Nacken.
7. Mache 5mal das Handrückenwechselmuster.

6. Abschlußtest zur Dreiballjonglage

Wenn dir ein Ball hinunterfliegt, dann hebe ihn nie sofort mit der Hand auf, sondern jongliere vorher die Retterkaskade (10 Würfe).

Oder kicke den Ball wieder in die Jonglage zurück.

1. Jongliere 200 Würfe Kaskade. (Also ca. 2 min)
2. Jongliere 30 Würfe zwei in einer Hand und wechsele dabei die Richtung und die Art der Zweiballform. (Rechtsrum, linksrum, Puppenspiel, Handwechsel)
3. Jongliere 40 Würfe Rückwärtskaskade.
4. Jongliere 5 Würfe Säulen und wirf den mittleren Ball immer unter einem Bein hindurch.
5. Jongliere die Kaskade mit gekreuzten Armen und gehe dann mit einem Flash in die Kaskade über. (Je 20 Würfe)
6. Kralle 30 Würfe Kaskade.
7. Kralle 15 Würfe Rückwärtskaskade.
8. Jongliere 30 Würfe Federball und wechsele dabei die Wurfrichtung des «Balles». (Kreuzen, rechts herüber, links herüber, auf der Stelle . . .)
9. Jongliere den Shower in Verbindung mit der großen Wippe 30mal und beginne mit sieben Showerwürfen nach links.
   (Sieben linksherum, sechs rechtsherum . . ., zwei rechtsherum, dreimal die große Wippe zum Schluß)
8. Wirf in einer Jonglage 15 Beinwürfe.
9. Wirf in einer Jonglage 15 Rücken- und Schulterwürfe.
10. Jongliere die Kaskade, mache eine Pirouette, wirf den Ball noch mal hoch, mache eine Pirouette und wirf den Ball noch mal hoch und mache noch eine Pirouette und jongliere weiter.
11. Jongliere die Kaskade. Zähle, wirf den ersten Ball unter dem linken Arm hindurch, den zweiten Ball unter dem rechten Arm, den dritten unter dem linken Arm usw. (15 Würfe)
12. Jongliere eine der Übungen der Sitzjonglage. (30 Würfe)
13. Jongliere 15 Dreierwürfe Blizzard.

14. Jongliere einen Apfel, eine Birne und ein Ei und iß davon zwei mindestens zur Hälfte auf. (Das Ei (hartgekocht) könntest du zum Beispiel erst während des Jonglierens pellen)
15. Wechsele 5mal die Seite, während du die Kaskade neben der Hüfte jonglierst.
16. Suche dir einen guten Jongleur als Partner. Er jongliert für 10 Minuten alle Muster, die er kann. Du bist sein Spiegelbild! Jongliere wie er im selben Rhythmus in die spiegelbildliche Richtung, in derselben Höhe usw. Du hast dich nach ihm zu richten!
17. Jongliere den Shower und wirf 7 Bälle hinter dem Rücken durch.
18. Jongliere 15 Würfe drei in einer Hand, wirf die drei Bälle in die andere Hand und jongliere da noch 10 Würfe.
19. Jongliere die Kaskade und lasse 5 Bälle hintereinander über den Kopf rollen. Jongliere weiter und lasse noch 15 Bälle über den Kopf rollen. Beende die Kaskade mit dem Fangen des letzten Balles in der Armbeuge.
20. Jongliere 20 Würfe Orangjonglage und wirf dabei 2 Bälle über die Schulter.
21. Denke dir eine Kickvariation aus, die mindestens 5 verschiedene Körperteile benutzt, und beende sie mit einem Nackenfang.
22. Jongliere mit 50 Würfen ein Muster, das du besonders magst (außer Kaskade; Rückwärtskaskade und zwei in einer Hand), und baue mindestens drei unterschiedliche Muster (Pausen, Kunststücke...) darin ein.
23. Nimm vier Stoffbälle und lege einen davon auf den Boden. Jongliere nun mit dreien. Fange einen auf dem Kopf und balanciere ihn dort ein wenig. Inzwischen schiebst du den auf dem Boden liegenden Ball mit einem Fuß auf den anderen in die Mulde und kickst ihn hoch. Jongliere die Kaskade mit diesem Ball und balanciere den auf der Stirn aber weiterhin. Zähle bis 10 (langsam) und fange die drei Bälle. Bewege den Kopf mit einem Ruck so nach vorne, daß der Ball über den Hinterkopf in den Nacken rollt. Damit er da liegenbleibt, knicke deinen Oberkörper ab und lasse den vom Kopf kommenden Ball in den Nacken rollen (Arme ausbreiten). Lächeln! Knicke den Kopf so weit nach unten ab, daß der Ball wieder auf den Kopf rollt, und nimm den Kopf ruckartig wieder hoch, so daß der Ball in die Luft geschleudert wird. Lege den Kopf zurück, schaue in den Himmel und öffne den Mund. Fange den Ball mit dem Mund (mache den Mund richtig weit auf und beiße richtig zu). (Sehr schwer).

Ehrfurcht vor den Meistern, die diesen Abschlußtest ohne große Probleme bestanden haben!

Damit hast du wahrlich viel geleistet.

Wenn du wirklich sämtliche geschilderten Muster beherrschst, bist du ein(e) stark forgeschrittene(r) Dreiballjongleur(in).

Jetzt liegt es an dir, aus den erlernten Mustern schöne Folgen zu knüpfen, die den professionellen Jongleur ausmachen. Sie geben deiner Jonglage auch einen eigenen Stil: ob albern, besonders elegant, verteufelt schwer oder besonders schnell.

Denke dir neue und andere Muster aus, und traue dich ruhig, mit deinen Künsten mal etwas Geld zu verdienen oder einfach nur anderen Leuten Freude zu bereiten.

Aber natürlich gibt es noch tausend andere Sachen zu lernen. Jonglieren ist höchst vielfältig. Viele Leute fragen immer als erstes, wenn sie jemanden jonglieren sehen, mit wie vielen Bällen er höchstens jonglieren kann. Sie sind schon meistens sehr beeindruckt, wenn man sagt: «Vier.»

7. Vierballjonglage

Grundmuster

1. Jongliere mit der rechten Hand und richte dabei deinen Blick starr geradeaus, ohne auf die Bälle zu sehen. (30 Würfe)
2. Jongliere mit der linken Hand und richte dabei deinen Blick starr geradeaus, ohne auf die Bälle zu sehen. (30 Würfe)
3. Nimm nun vier Bälle, zwei in die linke und zwei in die rechte Hand. Beginne mit rechts und wirf den ersten Ball senkrecht nach oben los, dann wirf aus links Ball Nr. 2 senkrecht nach oben los, noch bevor Ball Nr. 1 im Umkehrpunkt ist. Wenn nun Ball Nr. 1 am Umkehrpunkt ist, wirf aus

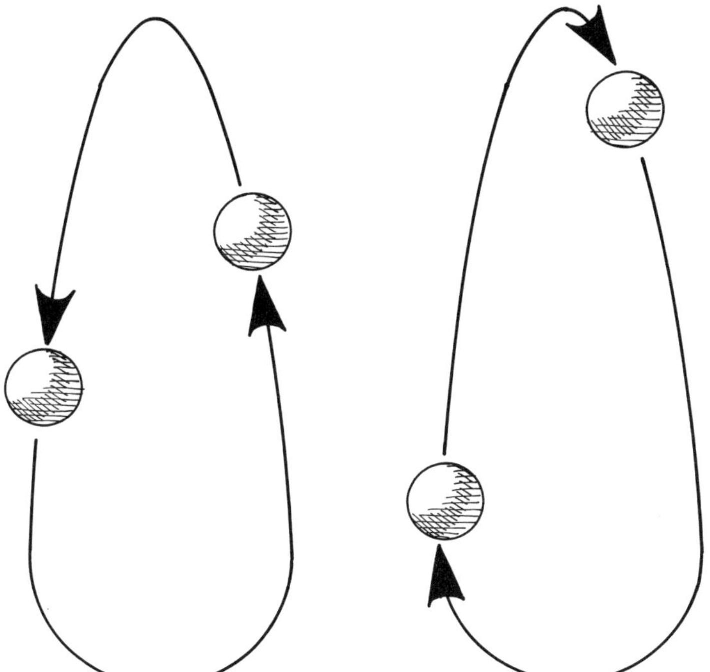

rechts Ball Nr. 3 wieder senkrecht nach oben, aber natürlich so, daß er nicht mit Ball Nr. 1 kollidiert, also links an ihm vorbei. Fange Ball Nr. 1. Dann wirf Ball Nr. 4 aus links in dem Moment, in dem Ball Nr. 2 am Umkehrpunkt ist, so, daß er rechts neben Ball Nr. 2 vorbeifliegt. Fange die Bälle in der Reihenfolge: 2, 3, 4! (50 ×)

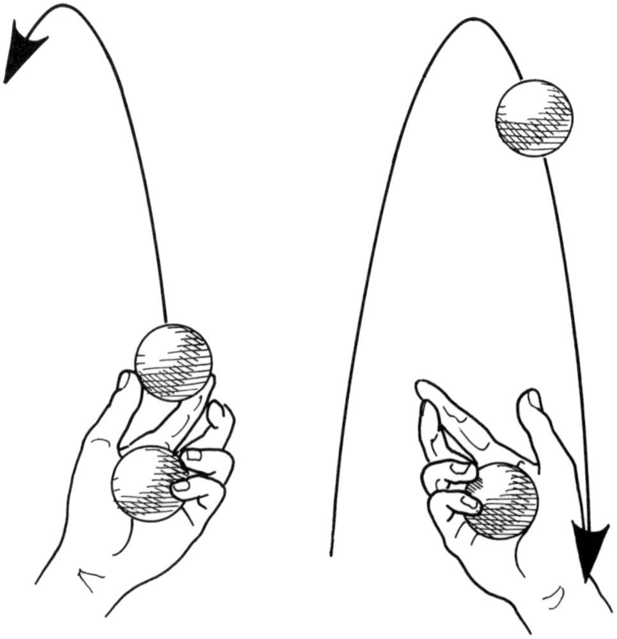

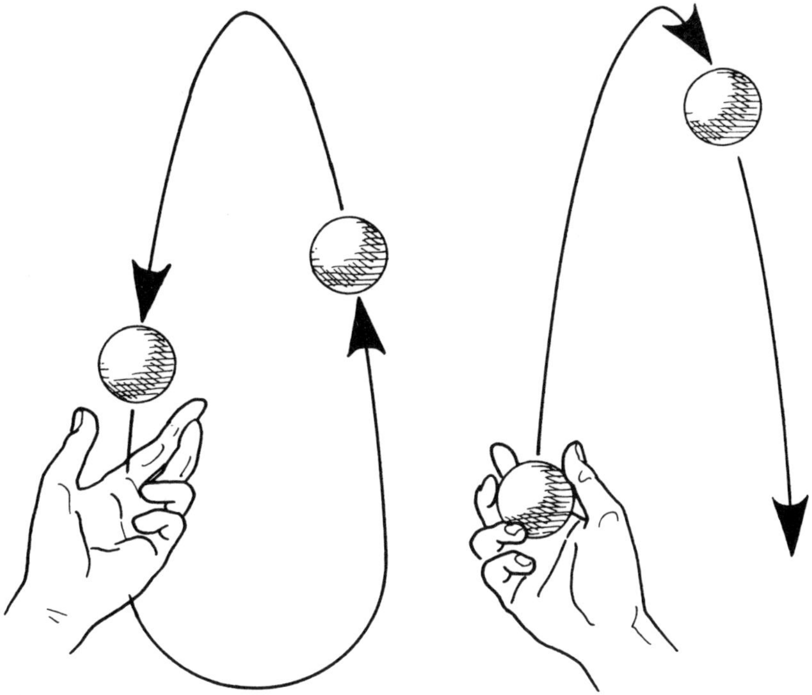

4. Beginne wie beschrieben, nur wirf den 1. Ball noch einmal los. Anschließend wirf die Bälle 1 und 2 noch einmal los usw. Immer wenn du es geschafft hast, 10mal 5, 6, 7... Bälle im Vierballgrundmuster hintereinander loszuwerfen, steigere dich und versuche 10mal 6, 7, 8... Bälle hintereinander loszuwerfen. Mache das so lange, bis du das Grundmuster der Vierballjonglage für zwanzig Würfe kannst. Dann beginne mit den Übungen.

Tips:

- Du jonglierst rechts und links, um eine halbe Wurfhöhe versetzt, gleichzeitig. Die Abwürfe erfolgen ganz regelmäßig: rechts, links, rechts, links... Dabei werden von jeder Hand immer die gleichen zwei Bälle geworfen. Die Bälle fliegen in der Form von zwei Eiern, die über deinen Händen schweben. Die Bälle in der rechten Hand fliegen im Uhrzeigersinn, die Bälle in der linken Hand fliegen gegen den Uhrzeigersinn.

- Achte darauf, die Bälle wirklich gleichmäßig hintereinander aus rechts und links loszuwerfen. Es sind etwa vier halbe Würfe pro Sekunde.
- Versuche ja nicht auf die Bälle einzeln zu sehen, sondern schaue locker durch sie hindurch, daß du sie rechts und links von deinen Augen fliegen siehst.
- Jongliere in einer Ebene vor deinem Körper.

Übungen:

○ Wirf die zwei Bälle rechts gegen den Uhrzeigersinn und die zwei links im Uhrzeigersinn. (30 Würfe)

○ Wirf die Bälle in jeder Hand im Muster der kleinen Wippe. Übe vorher noch einmal die kleine Wippe einzeln in jeder Hand. Die Bälle müssen richtig senkrecht fliegen. (30 Würfe) *ACHTUNG:* Die Bälle driften sehr schnell ab.

○ Nimm die Hände immer weiter auseinander (mind. 1 m), nur verliere die Bälle nicht aus den Augen, denn dann ist es aus. (20 Würfe)

○ Werde schneller und langsamer, gehe spazieren und zeige allen Leuten, daß du vier Bälle jonglieren kannst. (100 Würfe)

○ Wenn du dich sehr sicher fühlst, probiere, einzelne Bälle unter einem Bein durchzuwerfen und weiterzujonglieren. (20 ×)

○ Beginne mit drei Bällen die Kaskade und kicke dir einen Ball in die Jonglage und gehe ohne Unterbrechung in das Vierballmuster über. Für dieses Muster gibt es viele Varianten. Du mußt selbst ausprobieren, welche dir am besten liegt, am schönsten aussieht oder ganz besonders schwer ist. (20 ×)

○ Wirf mit links und mit rechts einzelne Bälle während der Jonglage über die Schulter. (20 ×) Letztendlich kannst du mit der einen Hand immer über dieselbe Schulter werfen und mit der anderen normal jonglieren.

Synchronmuster

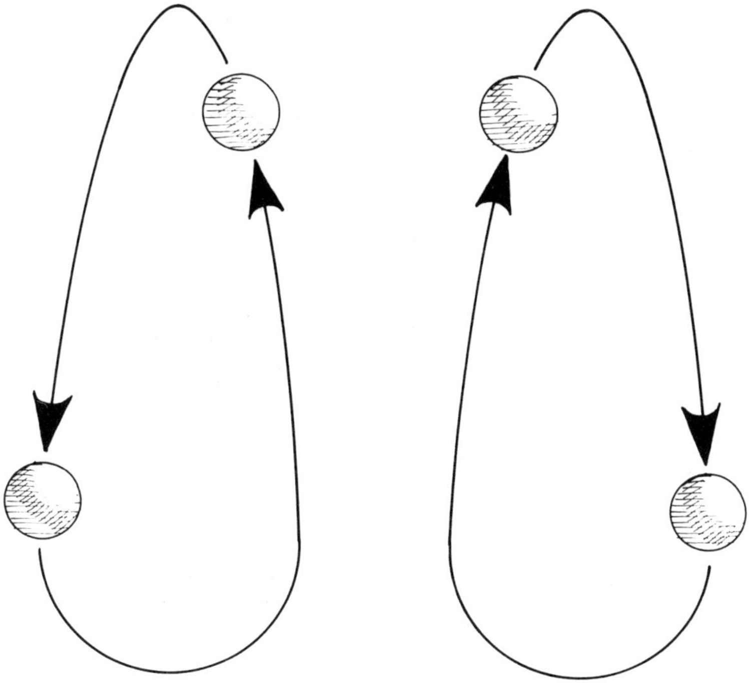

1. Übe noch einmal sämtliche Varianten der Zweiballjonglage mit beiden Händen! (200 Würfe)
2. Nimm zwei Bälle in die rechte und zwei in die linke Hand. Wirf Ball Nr. 1 aus rechts und Ball Nr. 2 aus links gleichzeitig parallel zueinander senkrecht hoch. Wenn diese am Umkehrpunkt sind, dann wirf innen an ihnen vorbei gleichzeitig parallel zueinander Ball Nr. 3 und Nr. 4. Fange Ball 1 und 2 und dann Ball 3 und 4 in den Händen, aus denen du sie geworfen hattest. (20 ×)

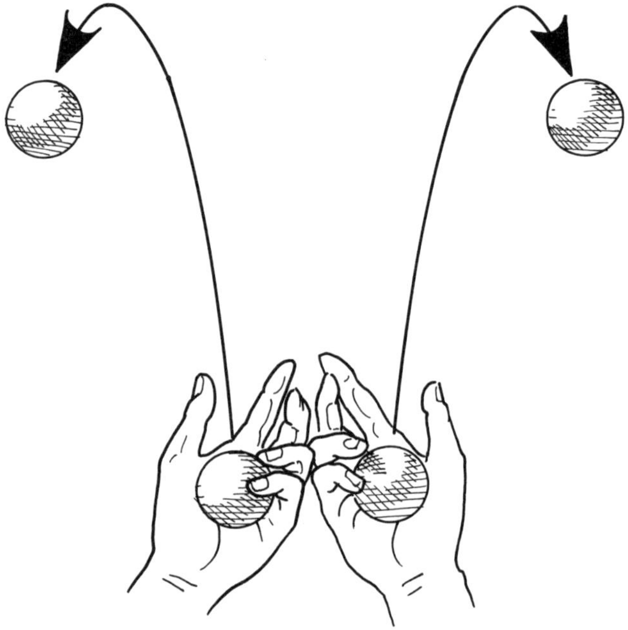

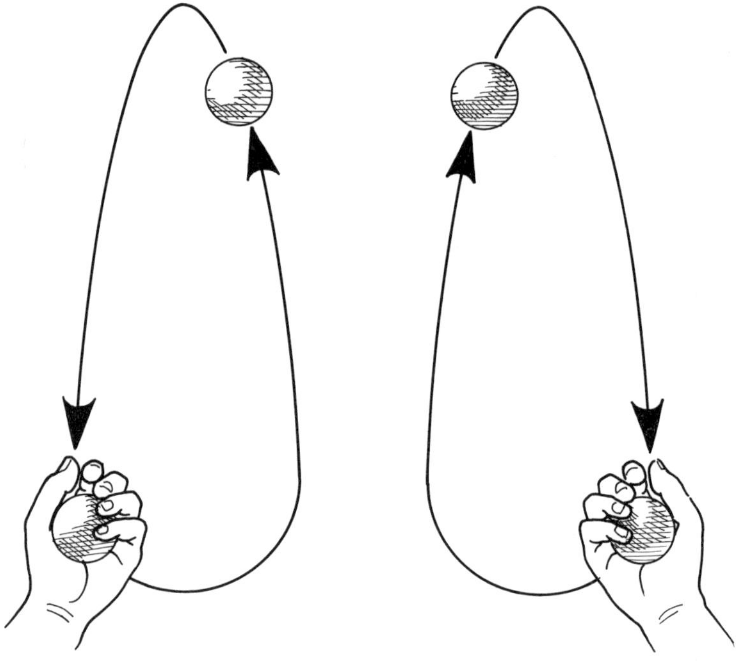

3. Beginne von vorne und setze die Jonglage fort, bis du den Synchronvierer für 20 Würfe kannst.

Tips:

- Wirf die beiden zu werfenden Bälle wirklich synchron, also gleichzeitig los.
- Wirf die Bälle alle gleich hoch, die Bälle aus der stärkeren Hand dürfen nicht höher fliegen als die aus der schwächeren Hand.
- Jongliere in einer Ebene.
- Das Tempo ist etwa zwei Würfe pro Sekunde.
- Wirf die beiden Eier so, daß sie möglichst rund aussehen, sonst prallen die Bälle immer zusammen.

Übungen:

○ Gehe aus dem Vierballgrundmuster in das Synchronmuster über und wieder zurück. (20 ×)
○ Jongliere das Synchronmuster nach innen, d. h. rechte Hand gegen den Uhrzeigersinn, linke Hand im Uhrzeigersinn. (30 Würfe)
○ Jongliere das Synchronmuster wie zwei kleine Wippen. (40 Würfe)
○ Gehe aus der Kaskade in das Synchronmuster über, egal woher du den vierten Ball nimmst. (20 ×)
○ Nimm die Hände auseinander und führe sie wieder zusammen. (6 ×)
○ Kralle das Synchronmuster. Beginne damit, erst sämtliche Zweiballmuster mit rechts und mit links zu krallen. (10 Würfe)
○ Jongliere das Muster so schnell du kannst. (20 Würfe)
○ Wirf die Bälle rhythmisch im Takt von Musik. (40 Würfe)
○ Jongliere Schulter- und Beinwürfe. (Je 10)

Kreuzmuster

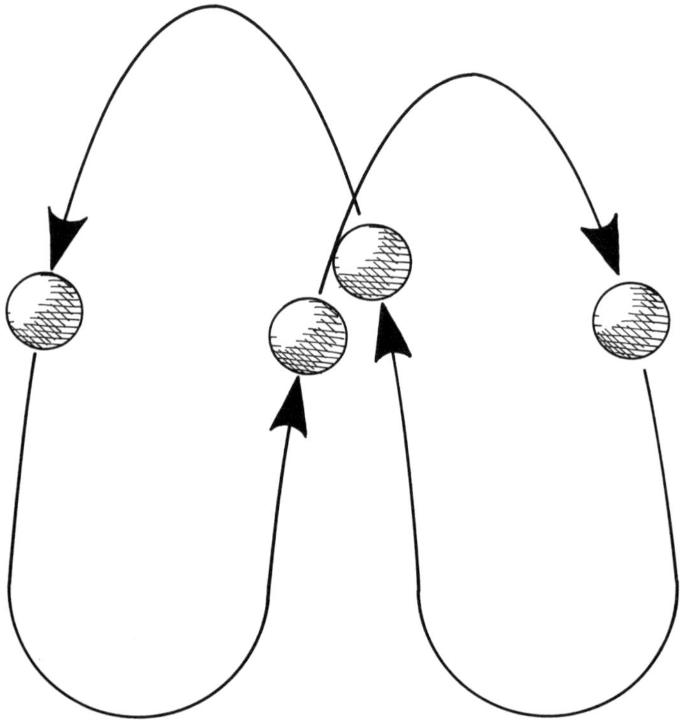

1. Jongliere das Synchronmuster in allen Varianten. (30 Würfe)
2. Nimm 2 Bälle, in jede Hand einen, und wirf sie gleichzeitig so los, daß sich ihre Flugbahnen direkt vor deinen Augen kreuzen. Sie dürfen dabei nicht zusammenstoßen, d. h., du mußt einen der beiden Bälle etwas höher als den anderen werfen. Fange die Bälle gleichzeitig so, daß der Ball, der vorher in der linken Hand war, jetzt in der rechten ist und umgekehrt. (70 ×)

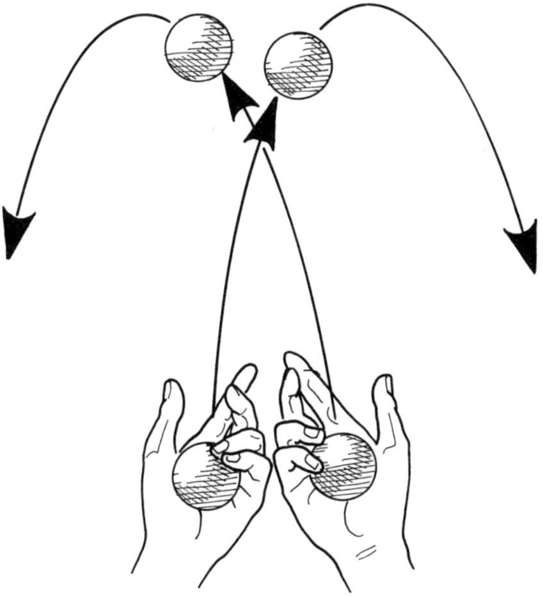

3. Nimm 4 Bälle, in jede Hand zwei, und wirf die ersten beiden wie beschrieben los. Wenn diese am Umkehrpunkt sind, wirf die anderen beiden Bälle genauso los und fange die Bälle. (50 ×)

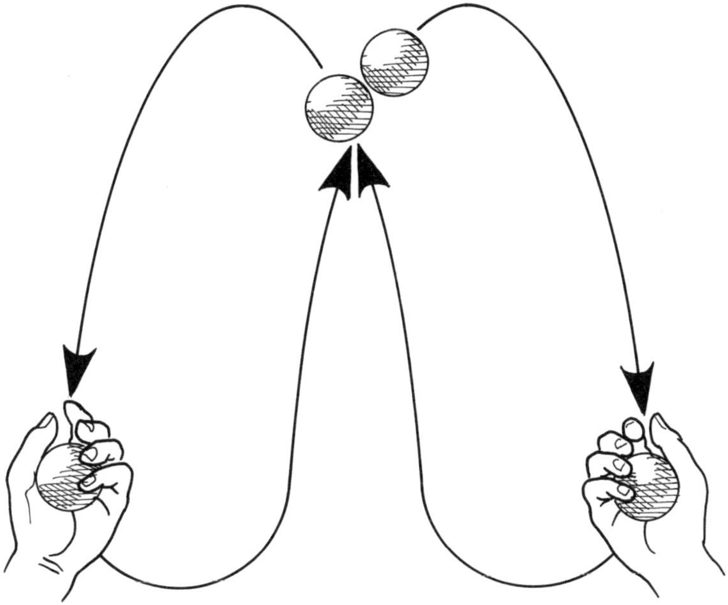

4. Nun setze die Jonglage fort. Dabei steigere dich langsam von 3 auf 30 Würfe.

Wenn du für 30 Würfe das Kreuzmuster jonglieren kannst, dann probiere andere Varianten der Kreuzmusterjonglage. Du wirst sehen, daß dir dann viele der Übungen schon selbst eingefallen sind. So findest du auch Übergänge, neue Muster usw., so daß sich deine Jonglage von anderen auf eine bestimmte Art und Weise absetzt. Genauso probierst du es jetzt mit allen neuen Mustern, die du siehst oder irgendwo gezeigt bekommst. Einfach ausprobieren, was man aus dem neuen Muster alles machen kann!

Tips:

- Keinesfalls darfst du die Bälle nebeneinander vorbeifliegen lassen, sie müssen in einer Ebene fliegen.
- Es fliegen immer zwei Bälle gleichzeitig durch die Luft.
- Das Muster ist so schnell wie das Synchronmuster (ist ja auch ziemlich ähnlich), also ca. 2 Würfe pro Sekunde.
- Wirf nicht zu flach und nicht zu breit, denn dann lassen sich die Bälle schwerer fangen.

Übungen:

- ○ Wirf alle Bälle, die aus rechts kommen, immer sehr viel höher als die, die aus links kommen, aber achte darauf, daß die Bälle immer noch gleichzeitig abgeworfen und gleichzeitig gefangen werden. (Schwer) (20 Würfe)
- ○ Jongliere die Bälle in zwei Ebenen. Alle Bälle aus rechts fliegen 5 cm weiter vom Körper weg als die aus links. Nun müssen aber auch alle Bälle dieselbe Höhe haben. (Schwer) (10 Würfe)
- ○ Jongliere das Muster sehr, sehr klein und sehr groß! (Je 15 Würfe)
- ○ Wirf einmal alle Bälle aus rechts über die anderen hinweg und einmal alle Bälle aus links. (Je 20 Würfe)
- ○ Versuche die Bälle so zu werfen, daß sie vor deinen Augen zusammenprallen und wieder in die Hände zurückfallen. (10 Würfe)
- ○ Jongliere das Kreuzmuster nicht im Synchrontakt, sondern im Takt des Grundmusters, also versetzt. (20 Würfe)

Viererdouble

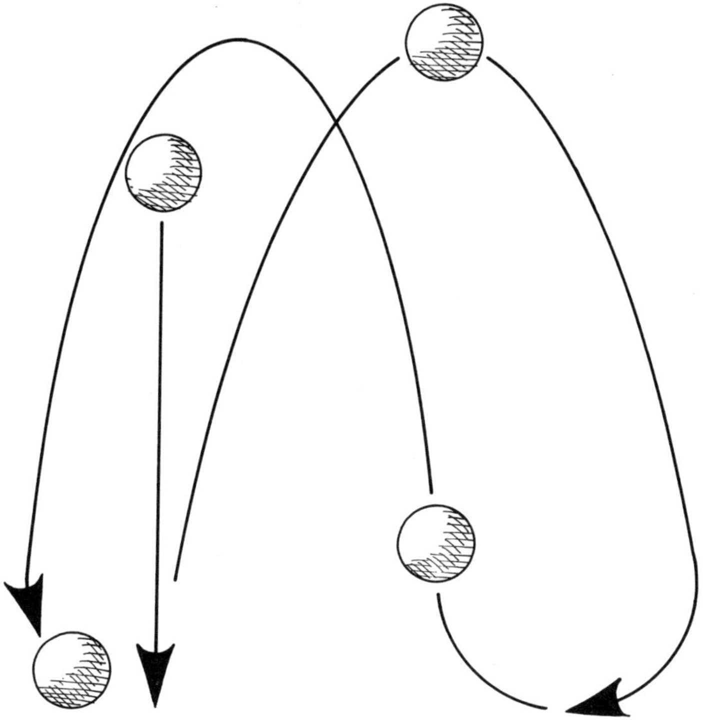

Einfaches Muster!

1. *DOUBLEWURF:* Nimm zwei Bälle in die rechte Hand und wirf sie beide gleichzeitig los. Der Ball 1 wird nach links oben fliegen und der zweite etwa senkrecht über der rechten Hand nicht ganz so hoch wie der erste. Fange den ersten Ball mit der linken Hand und den zweiten Ball mit der rechten Hand. (50 ×)

2. Wiederhole mit der linken Hand (50 ×)
3. Nimm drei Bälle wie bei der Kaskade. Wirf die beiden aus rechts wie eben gelernt los (Doublewurf), wenn diese sich am Umkehrpunkt befinden, wirf den 3. Ball wie üblich los. Dann fange den ersten Ball mit links, den zweiten mit rechts und den letzten auch mit rechts. Beginne wieder von vorne. (50 ×)
4. Nimm 4 Bälle, zwei in die linke, zwei in die rechte Hand, und wirf einen Ball aus rechts in einem hohen Bogen in Richtung linke Hand. Wenn sich dieser am Umkehrpunkt befindet, wirf die beiden Bälle der linken Hand als Doublewurf los. Wenn sich der Doublewurf im Umkehrpunkt befindet, wirf den 2. Ball der rechten Hand wie den ersten los, fange den zweiten Ball der linken Hand und den ersten Ball der rechten Hand in der linken Hand. Nun fange noch den ersten Ball des Doublewurfes in der rechten Hand. (40 ×)

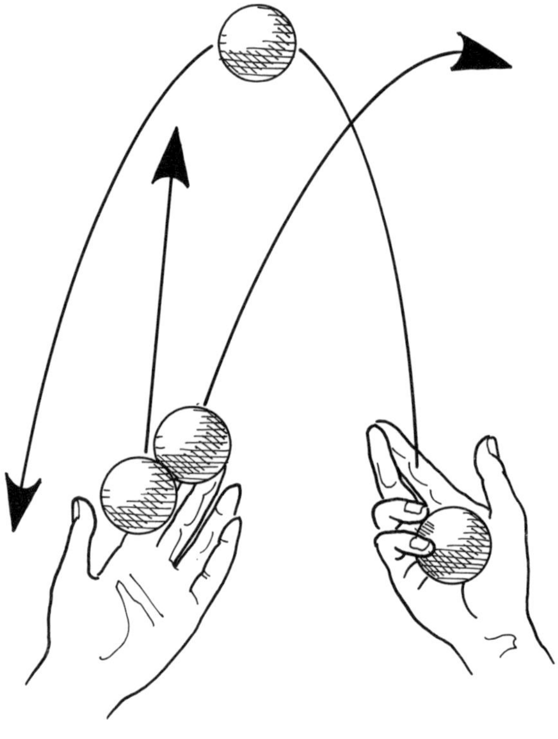

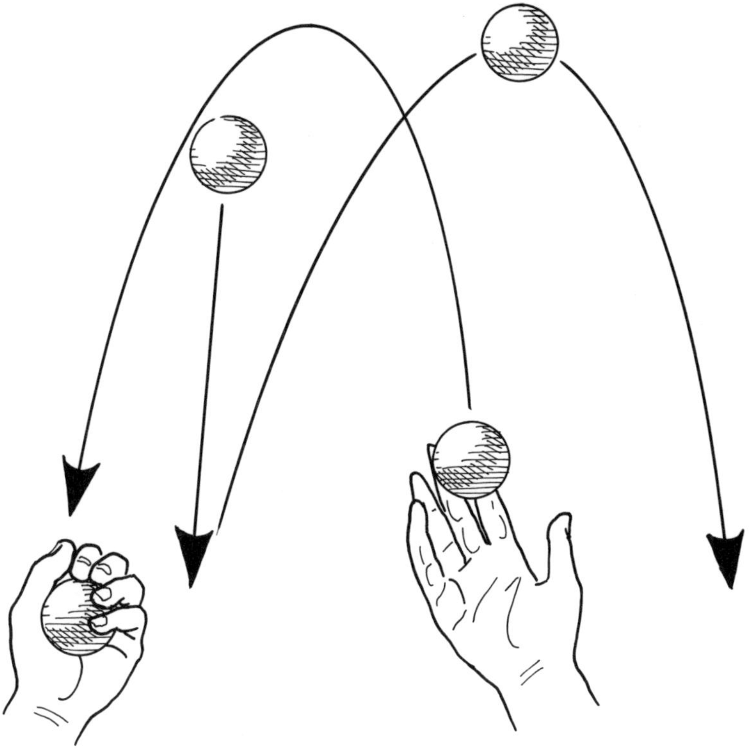

5. Jongliere 50 Würfe Viererdouble. (10 ×)

Tips:

- Das Muster ist sehr regelmäßig: Aus rechts kommt immer der einzelne Ball und aus links immer der Doublewurf.
- Beim Doublewurf hältst du die Hand beim Abwurf der Bälle einfach so, daß die Fingerspitzen nach rechts (bei der linken Hand) und der Daumen nach vorne zeigt. Dabei wirf die Bälle fast nur *aus dem Handgelenk* ab.
- Denke, daß du die Kaskade jonglierst!

Übungen:

- ○ Beginne mit links und jongliere das Viererdouble (30 Würfe)
- ○ Versuche beim Üben der alten Muster den Doublewurf einzubauen. (20 ×)
- ○ Wirf den Doublewurf ganz breit und ganz schmal. (Je 20 Würfe)
- ○ Denke dir noch drei Übungen aus. (Je 30 Würfe)

Brücke

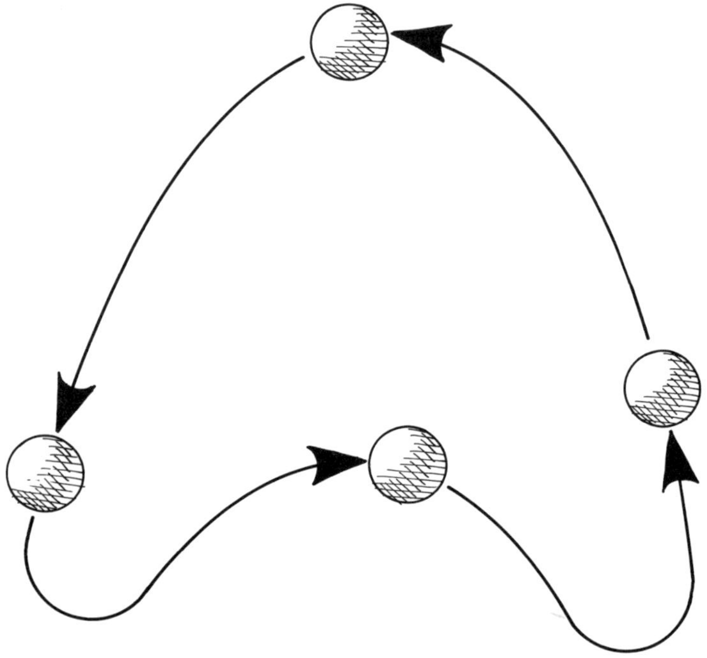

Wie geht es voran?

1. Nimm zwei Bälle in die rechte Hand, einen in die linke. Wirf die Bälle im Rhythmus der Kaskade (rechts-links-rechts) so, daß alle Bälle aus rechts wie bei der Rückwärtskaskade und alle Bälle aus links wie bei der Kaskade geworfen werden; die Flugbahnen schneiden sich nicht. Die Bälle aus rechts fliegen besonders hoch, die aus links fliegen besonders niedrig. (30 Würfe)

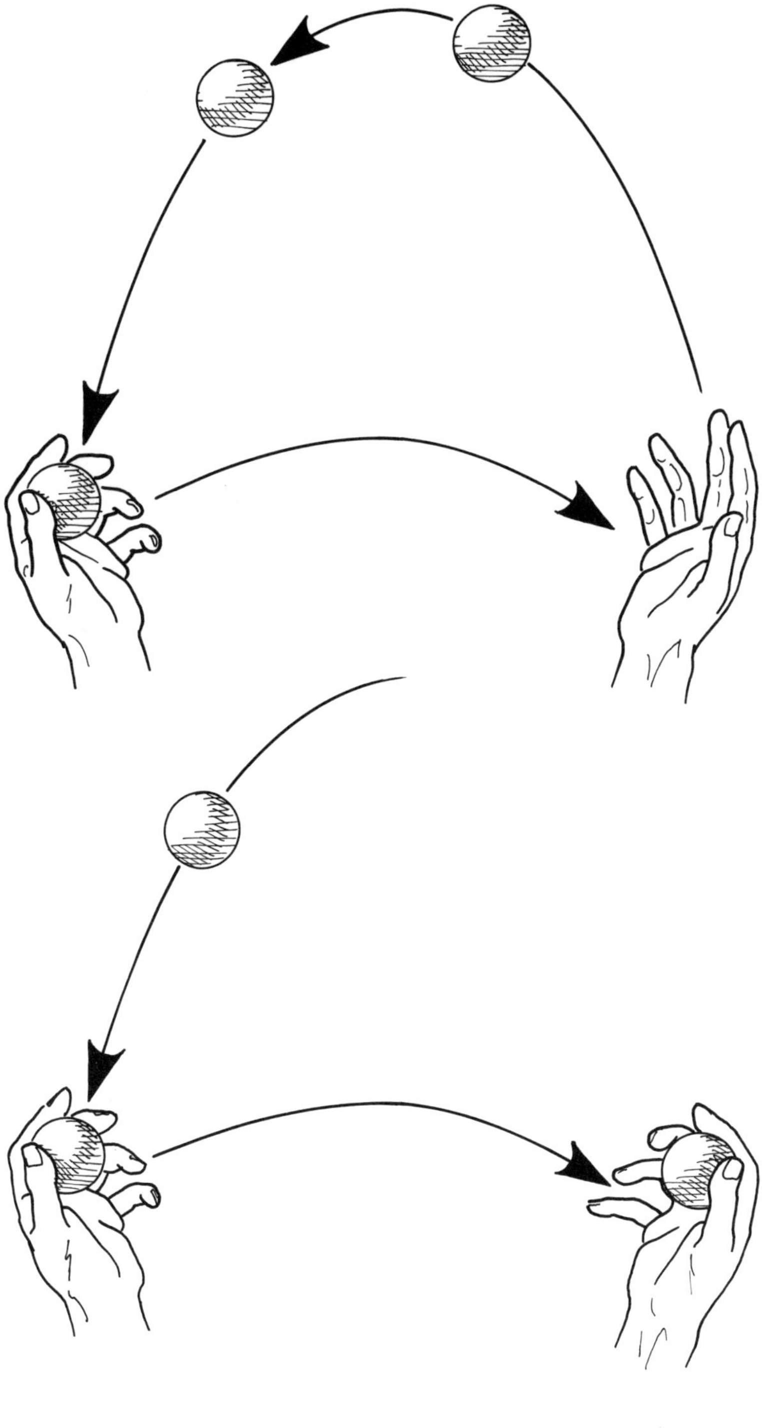

2. Nimm 2 Bälle in die rechte und 2 in die linke Hand. Wirf abwechselnd mit rechts (als Rückwärtskaskade) und links (als Kaskade) und achte dabei darauf, daß die Flugbahn der Bälle aus rechts sehr viel höher liegt als die der Bälle aus links, sonst kommt es mit dem Rhythmus nicht hin. (30 Würfe)

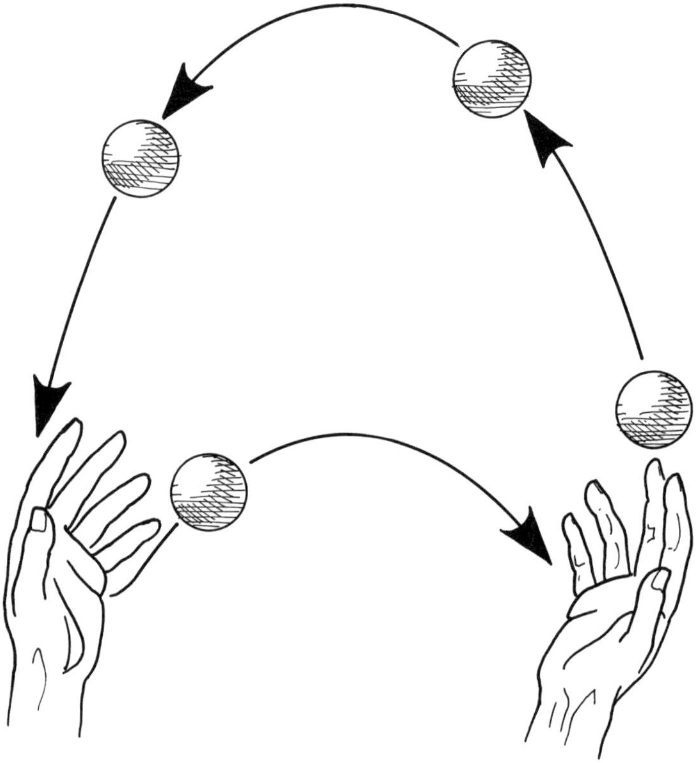

(rechts-links-rechts-links)

Tips:

- Der Wurfrhythmus ist wie beim Grundmuster.
- Du darst die Bälle aus links keinesfalls übergeben, du mußt sie werfen.
- Alle Bälle aus rechts fliegen in einem sehr hohen Bogen in die linke Hand. Von da aus fliegen sie in einem recht flachen Bogen zurück in die rechte Hand.

- Wirf die Bälle aus rechts in einem besonders deutlichen Bogen, denn sonst verheddern sich oberer und unterer Bogen sehr schnell.
- Achte darauf, daß der Abstand der Bögen schön deutlich zu sehen ist.
- Bei richtiger Brücke werfen die Hände abwechselnd und nie gleichzeitig die Bälle los. Hast du das Gefühl, zu gleichzeitig zu werfen, dann korrigiere das innerhalb der Jonglage, anstatt aufzuhören und neu zu beginnen.
- Wirf dieses Muster sehr breit, dann ergeben die beiden Bögen eine Brücke.
- Die Flugbahnen kreuzen sich nicht.

Übungen:

○ Wirf und fang die sich entsprechenden Bälle gleichzeitig. D. h., die Hände werfen nicht abwechselnd, sondern gleichzeitig. Dadurch bekommt das Muster einen ganz anderen Rhythmus. (Dem Kreuzsynchronmuster verteufelt ähnlich!) (20 Würfe)
○ Wirf die Brücke anders herum (25 Würfe)
○ Verbreitere das Geländer der Brücke, d. h., wirf den oberen Bogen noch höher und den unteren Bogen noch flacher als sonst. (15 Würfe)

Säulen

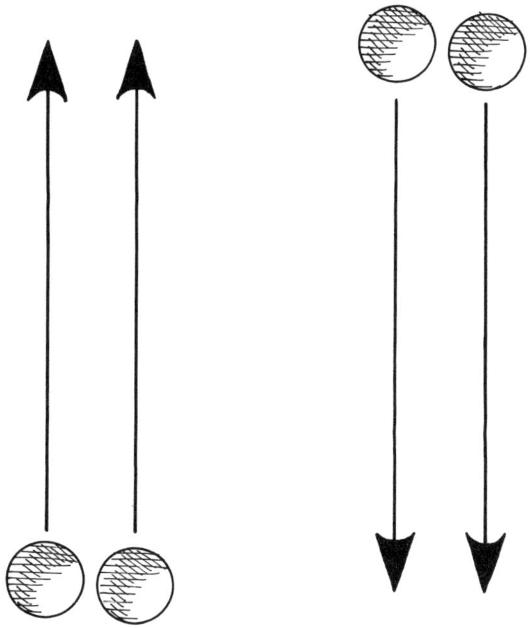

1. Jongliere die Dreiballsäulen so, daß die rechte Hand zwei Bälle und die linke Hand einen Ball jongliert. Dabei fliegt der Ball links außen symmetrisch zum linken Ball der rechten Hand. Diese beiden nebeneinander fliegenden Bälle jongliere nun so, daß sie einen immer größeren Abstand zum rechten Ball der rechten Hand bekommen. Dazu mußt du deine beiden Arme recht schnell hin- und herbewegen (mindestens den rechten). (40 Würfe mit einem Abstand von mindestens 40 cm)
2. Nimm in jede Hand zwei Bälle und bewege beide Hände etwas nach links. Wirf die ersten beiden Bälle dort los (aus jeder Hand einen), bewege beide Hände rechts neben die fliegenden Bälle und wirf die anderen beiden Bälle los, wenn die ersten im Umkehrpunkt sind. Sobald du sie abgeworfen hast, ziehe sofort die Hände wieder nach links, um die Bälle dort zu fangen und sofort wieder loszuwerfen, und ziehe die Hände blitzschnell wieder nach rechts . . . (20 Würfe)

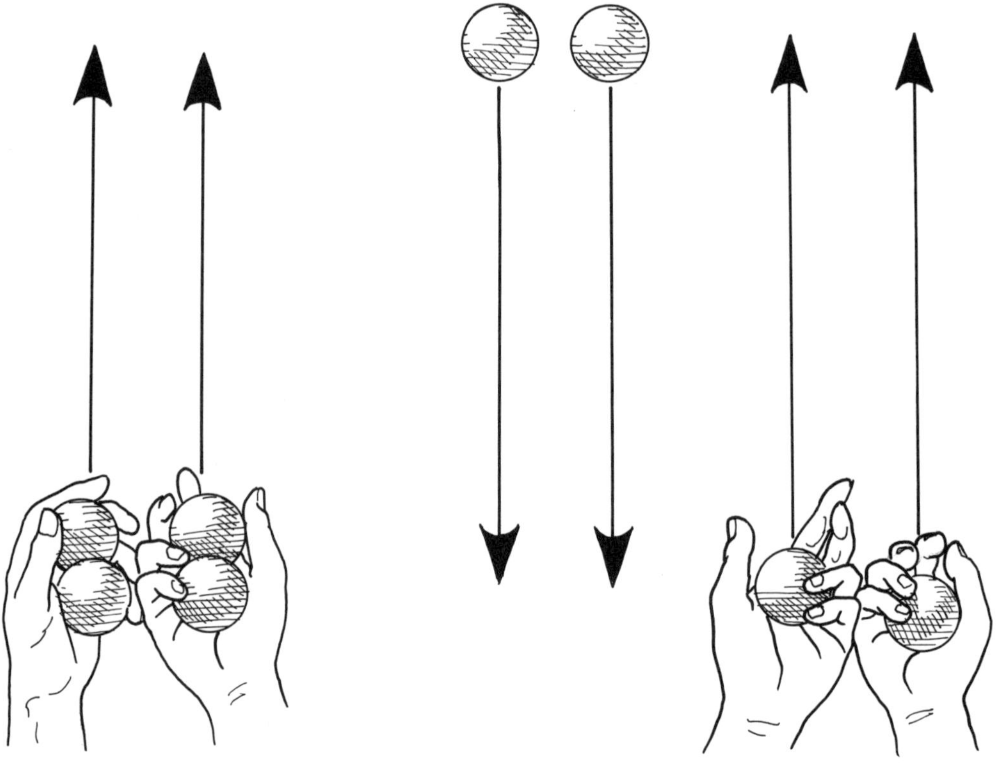

Tips:

- Beginne mit einem engen Abstand und vergrößere diesen immer erst, wenn du dich sicher fühlst.
- Du mußt wirklich sehr schnell sein.
- Wirf die zusammengehörigen Bälle möglichst dicht nebeneinander hoch.
- Wirf die Bälle immer ganz genau senkrecht, wie zwei Säulen, die vor deinen Schultern stehen.
- Wirf anfangs recht hoch, um genug Zeit zu haben.
- Wenn du die Säulen immer weiter nach außen verschiebst, mußt du mindestens deinen Oberkörper mit hin- und herbewegen, um die Bälle noch fangen zu können.
- Wenn die Säulen sehr weit auseinanderstehen, darfst du nicht mehr geradeaus sehen, denn dann verlierst du die Bälle aus den Augen, sondern du mußt immer dahin sehen, wo die Bälle herunterkommen, also immer voraus blicken, um sie treffsicher zu lenken.

Übungen:

○ Wirf die Bälle so, daß die Säulen so weit auseinanderstehen, daß du zwischen den Würfen rennen mußt, um die Bälle noch zu erwischen. In diesem Fall ist es besonders wichtigt, genau und hoch zu werfen. (5 Würfe)

○ Jongliere die Säulen mit gekreuzten Händen! (6 Würfe)

○ Jongliere das Grundmuster so, daß die äußeren Bälle symmetrisch zueinander und das andere Mal die beiden linken der jeweiligen Hände zueinander symmetrisch fliegen. (Je 10 Würfe)

○ Jongliere das Synchronmuster so, daß jeder Ball seine eigene senkrechte Bahn hat. Nun wirf einmal die äußeren Bälle symmetrisch zueinander und das andere Mal die beiden linken der jeweiligen Hände. (20 Würfe)
Da gibt es viele Variationen.

○ Jongliere die Säulen, fange die linken Bälle mit den Händen und die anderen beiden Bälle in beiden Armbeugen. Schleudere sie hoch, fange sie auf den Handrücken und führe das Handrückenplatzwechselmuster mit zwei Händen gleichzeitig vor (schwer). (1 ×)

Vierballshower

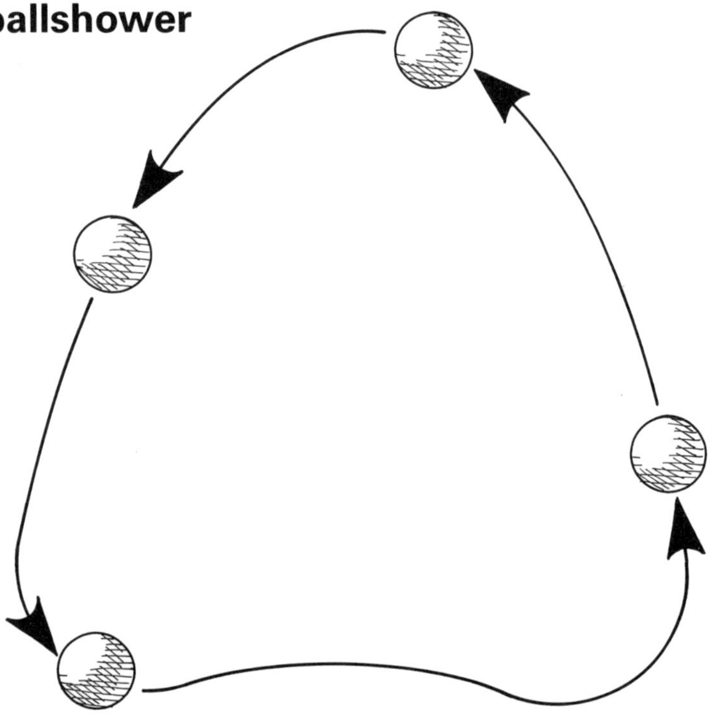

Nur ein paar Kleinigkeiten:

1. Übe den Shower mit drei Bällen derart, daß du auf etwa 4–6 Würfe pro Sekunde kommst!
2. Beginne mit drei Bällen in der rechten Hand, wirf sie sehr schnell und sehr genau sehr hoch. Wenn alle drei in der Luft sind, übergib den vierten Ball von der linken Hand in die rechte usw. ... (20 Würfe sind schon super!)

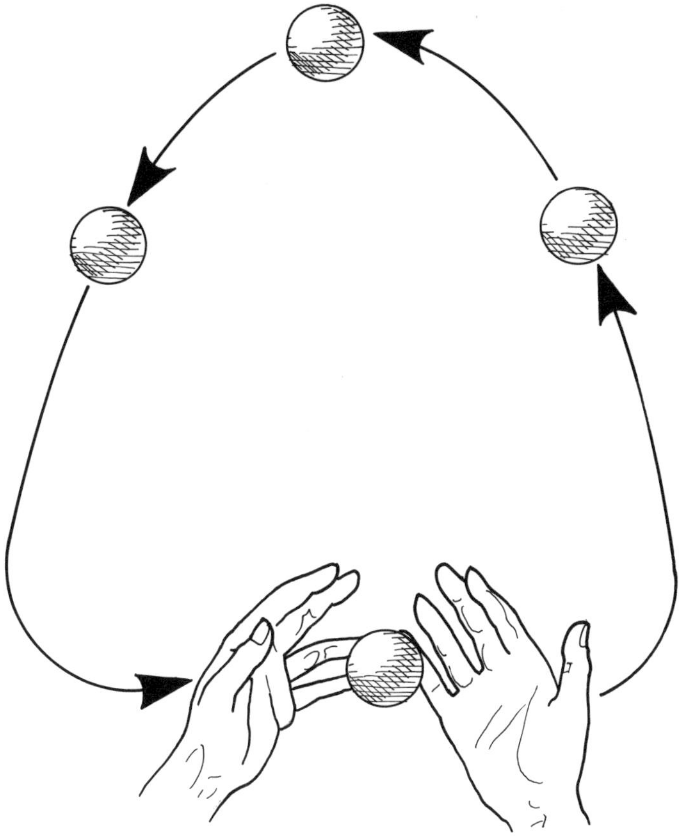

Tips:

- Dieses Muster ist schnell!
- Du darfst auf keinen Fall die Lust verlieren, also habe Geduld!
- Du mußt darauf achten, daß du auch bei diesem schnellen Tempo, denn das ist es wirklich, die Bälle sehr genau in einer Ebene wirfst, sonst bekommst du schnell Kreuzschmerzen, weil du dich so oft bücken mußt.
- Damit du dich noch weniger bücken mußt, jongliere immer nur so viele Würfe, daß du den letzten Ball sauber fangen kannst. Nie so lange jonglieren, bis die Jonglage zusammenbricht. Das deprimiert unnötig.

Addendum

Dieser Teil des Kapitels zeigt nur die vielen Möglichkeiten, Altes mit neu Gelerntem zu verbinden und daraus Musterfolgen zu machen.

Jedes einzelne Muster auf einer Doppelseite zu erklären wäre für einen so gut trainierten Balljongleur wie dich inzwischen überflüssig, so daß ich nur die wichtigsten Merkmale mit ein paar Zeichnungen dazu beschreibe und du dir dann die Muster selbst zusammenbastelst und übst.

1. Kralle das Grundmuster der Vierballjonglage.

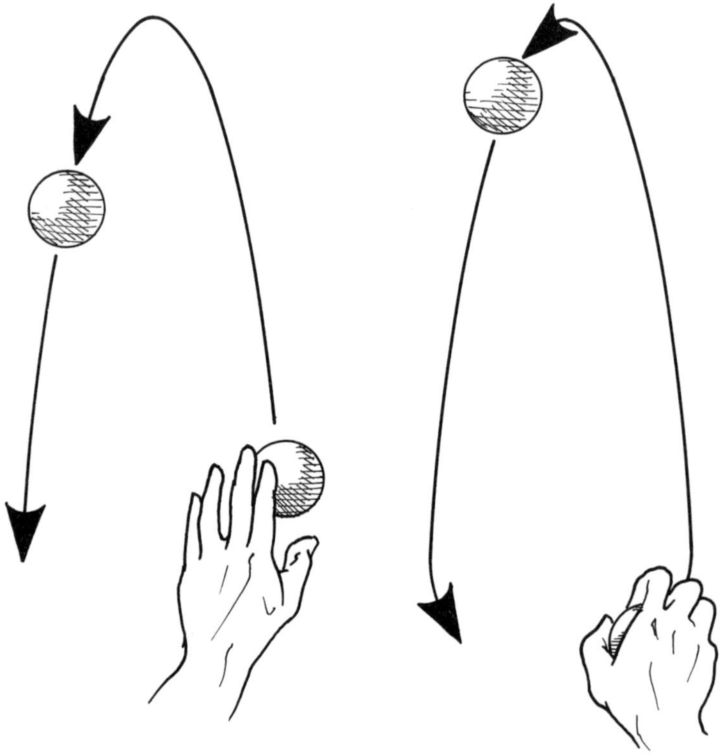

Tip:

- Übe diesen Trick nicht zu lange, sonst hast du morgen zu starken Muskelkater.

2. Jongliere das Grundmuster neben der Hüfte.

Tip:

- Ziehe enge Kleidung an und dehne den Arm vorher.

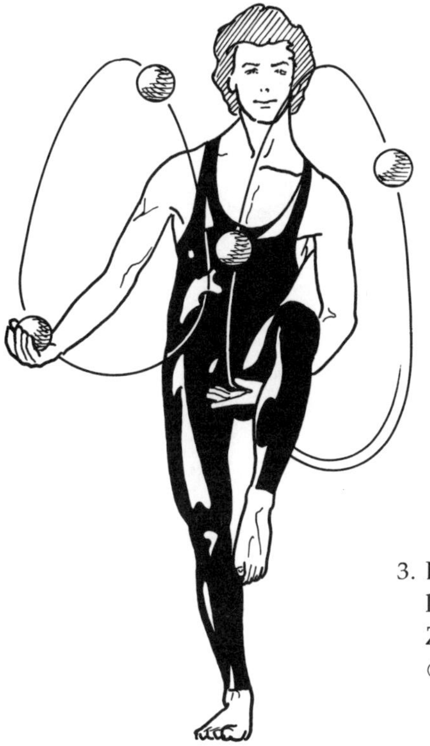

3. Baue in sämtliche Vierballmuster sämtliche Kunststücke ein.
   Z. B.:
   - Jongliere das Grundmuster und das Synchronmuster und mache 10 Beinwürfe

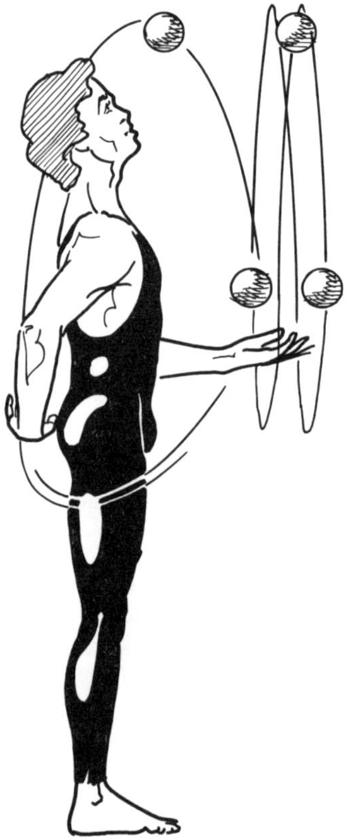

○ Jongliere das Kreuzmuster und wirf 5 Würfe als Rückenwürfe.

○ Jongliere die Brücke und mache 5 Armwürfe (nur mit der linken Hand unter der rechten).

○ Jongliere das Grundmuster im Sitzen und über dem Kopf.

4. Baue in sämtliche Vierballmuster sämtliche Pausen ein.
   Z. B.:
   ○ Jongliere das Viererdouble und fange aus dem Doublewurf den linken Ball auf dem Handrücken der linken Hand und den rechten Ball in der Armbeuge des rechten Armes.

○ Jongliere den Vierballshower und fange den letzten Ball im Nacken.

○ Wirf eine Vierballbombe, also wirf vier Bälle gleichzeitig los und jongliere das Grundmuster.

○ Wirf aus dem Grundmuster einen Ball auf die Stirn und jongliere mit drei Bällen weiter.

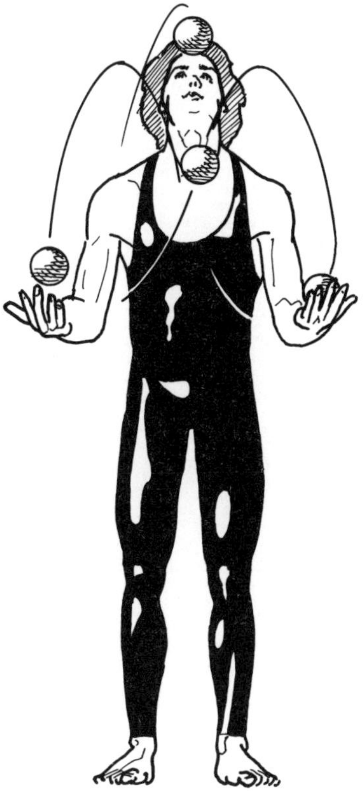

5. Jongliere das Synchron- und das Grundmuster (in dieser Reihenfolge) so, daß jeder Wurf ein Schulterwurf ist.

Tips:

- Schaue geradeaus und dirigiere deine Augen zum Fangen mit Hilfe der Augenwinkel.
- Wirf präzise.

6. Wenn du ganz toll bist, jonglierst du vier Bälle in einer Hand.

Tempo!

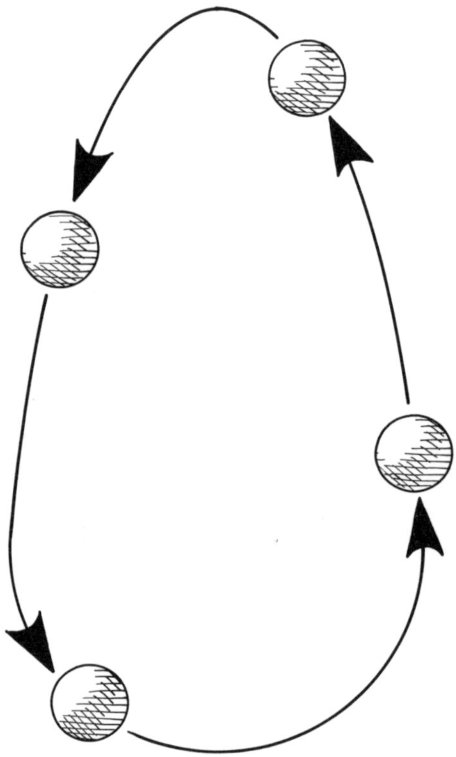

7. Verbinde z. B. die Shower mit 1–4 Bällen, indem du erst einen Ball im Kreis wirfst, anschließend einen Ball in die Jonglage kickst und den Shower mit zwei Bällen jonglierst, dann lasse einen Ball aus dem Mund in die Jonglage fallen und jongliere den Shower mit drei Bällen. Den letzten Ball läßt du dir von jemandem zuwerfen und jonglierst dann den Shower mit vier Bällen, natürlich ohne Unterbrechung. Dann wirfst du den vierten Ball aus der Jonglage heraus, jonglierst mit dreien, einen fängst du wieder im Mund, einen läßt du fallen, und den letzten Ball fängst du im Nacken.

Test

1. Jongliere 20 Würfe das Grundmuster und gehe für 20 Würfe in das Synchronmuster über, variiere für 20 Würfe dieses Muster und beende die Jonglage, indem du alle Bälle mit Genuß fallen läßt.
2. Jongliere das Kreuzmuster für 20 Würfe und wechsle dann über zum Rückwärtskreuzmuster, d. h., wirf alle Bälle wie bei der Rückwärtskaskade, aber synchron und über Kreuz.
3. Jongliere das Viererdouble. (25 Würfe)
4. Jongliere den Dreiballshower für 10 Würfe und gehe für 15 Würfe in den Vierballshower über. Beende die Jonglage durch das Fangen dreier Bälle in der linken Hand und das Fangen des letzten Balles auf dem Handrücken dieser Hand.
5. Jongliere die Brücke. (30 Würfe)
6. Jongliere das Säulenmuster so, daß der Abstand zwischen den beiden Säulen 1 m beträgt. (15 Würfe)
7. Zeige während einer mit drei verschiedenen Vierballmustern variierten Vierballjonglage 10 Muster (unter Bein, Pausen usw.).
8. Bringe das Grundmuster mindestens einem anderen Jongleur bei.

8. Fünfballjonglage

Die Fünfballjonglage zeigt einem werdenden Jongleur erst einmal seine Grenzen. Sie ist noch mit viel Zeit, Lust und Mühe zu erlernen, aber sie zeigt auch, daß die Gier nach immer mehr Bällen zu einem sehr hohen Arbeitsaufwand führt. Aus diesem Grund wird auch die Sechs- bzw. Siebenballjonglage usw. nicht weiter erklärt. Fünf Bälle jonglieren zu können, das führt bei allen Nichtjongleuren mindestens zu einem bewundernden «Toll». Für meinen Geschmack sieht sie auch noch eleganter aus als die Vierballjonglage, sie ist aber doch sehr viel schneller und somit schwieriger.

Die Fünfballjonglage ist so vielfältig wie die Dreiballjonglage, jedoch können nur wenige Jongleure mit fünf Bällen mehr als die drei bis vier Grundvarianten jonglieren.

Ich werde die weiteren Muster auch nur in einem Ausblick beschreiben, da du dir ja inzwischen anhand von zwei, drei Sätzen und einer Zeichnung ein Muster gut selbst beibringen kannst.

Auf geht's, ich wünsche viel Vergnügen.

Fünferdouble

Dies ist ein sehr, sehr einfaches Muster, aber du kannst dann schon von dir sagen, daß du fünf Bälle jonglieren kannst, obwohl es gar nicht danach aussieht. Im Prinzip ist der Rhythmus wie bei der Dreiballkaskade.

1. Übe den Doublewurf mit beiden Händen. (Je 50 ×)
2. Jongliere das Viererdouble mit vier Bällen. (30 Würfe)

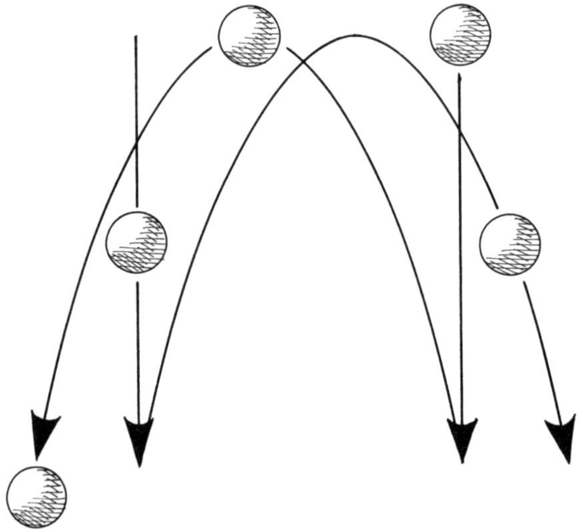

3. Nimm drei Bälle in die rechte und zwei in die linke Hand. Wirf einen Ball aus rechts in hohem Bogen nach links los. Dann wirf mit links den Doublewurf, fange den ersten sowie den unteren aus links in der linken

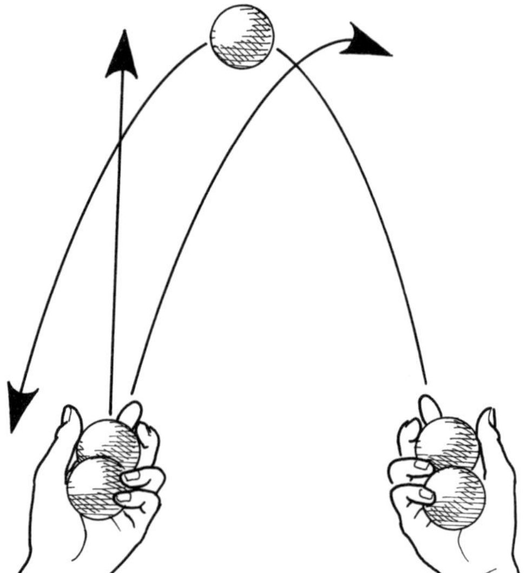

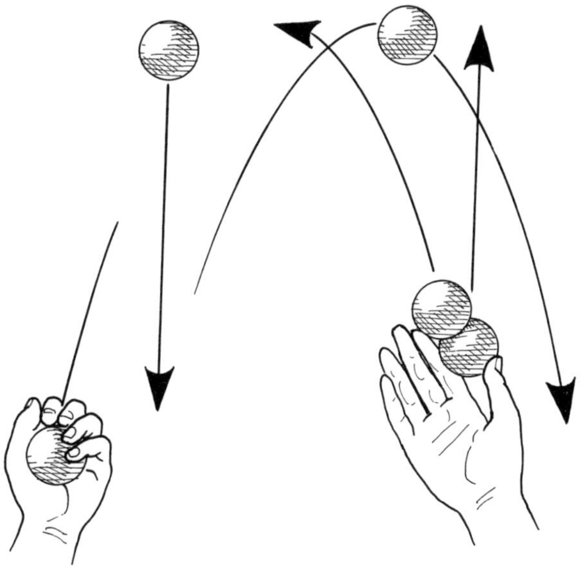

Hand, wirf den Doublewurf mit rechts, fange den oberen aus links und den unteren aus rechts in der rechten Hand und fange den letzten Ball (den oberen aus rechts) mit links. (50 ×)

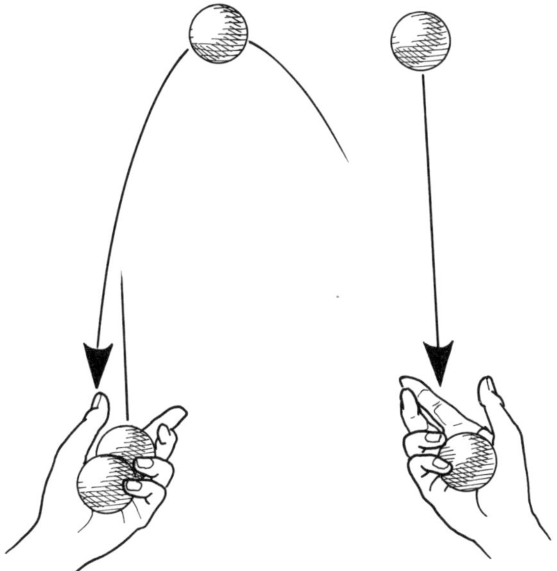

4. Beginne mit dem Wurf des ersten Balles aus rechts, und setze die Jonglage ausschließlich mit Doublewürfen abwechselnd mit rechts und links fort. (50 Würfe)

Ist doch hübsch einfach!

Tips:

- Wirf die Doublewürfe genau, d. h., wirf den vorderen der beiden Bälle höher und mehr zur Mitte hin, der hintere der beiden fliegt senkrecht über der Wurfhand.
- Übe präzise zu fangen, denn du mußt immer zwei Bälle kurz hintereinander in einer Hand fangen und wieder genau loswerfen. Wenn der zweite Ball nicht im Dreifingergriff landet, wird der Doublewurf gepfuscht.

Übungen:

○ Jongliere mit Mandarinen. (30 Würfe)
○ Jongliere mit verschieden großen Bällen. (30 Würfe)
○ Wechsele vom Viererdouble in die Fünfballkaskade (kommt gleich) über und wieder zurück. (3 ×)

Kaskade

1. Jongliere die Dreiballkaskade so schnell du kannst. (50 Würfe)
2. Übe blind zu jonglieren. D. h.: Stelle dich am besten vor dein Bett, damit du dich nicht so tief bücken mußt, beginne hoch und genau zu jonglieren, schließe dann die Augen, wirf noch drei Bälle und fange sie. (100 ×)
3. Jongliere so lange blind, bis die Bälle herunterfallen. (50 ×) Achte darauf, hoch zu werfen!
4. Nimm nun drei Bälle in die rechte und zwei Bälle in die linke Hand. Wirf abwechselnd aus rechts und links die Bälle so hoch los, daß sie in der Flugbahn wie bei der Dreiballjonglage fliegen, jedoch ein wenig schneller. Versuche nicht, einen Ball zu fangen. Du mußt so schnell werfen, daß du alle Bälle losgeworfen hast, bevor der erste Ball auf der Erde landet. Letztendlich liegen die Bälle vor deinen Füßen so, daß vor deinem rechten Fuß zwei Bälle (die aus der linken Hand) und vor deinem linken Fuß drei Bälle (die

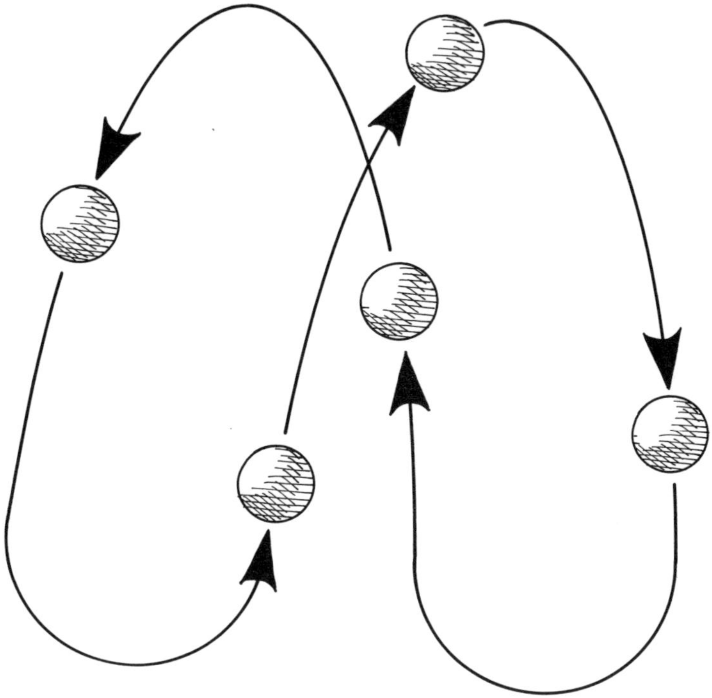

aus der rechten Hand) dicht beieinander liegen. Liegen sie nicht beieinander, ist entweder der Boden uneben, oder du wirfst ungenau! (40 ×)

5. Beginne wie eben, nur fange den ersten Ball in der linken Hand, alle anderen lasse fallen. (50 ×)
6. Fange auch noch den zweiten Ball, dann den dritten etc., bis du alle fünf geworfenen Bälle wieder gefangen hast. (Jeweils 50 ×)
7. Versuche jetzt, jeden Ball, den du fängst, im Rhythmus wieder loszuwerfen. D. h.: wirf so, daß das Muster unendlich wird. (20 Würfe)

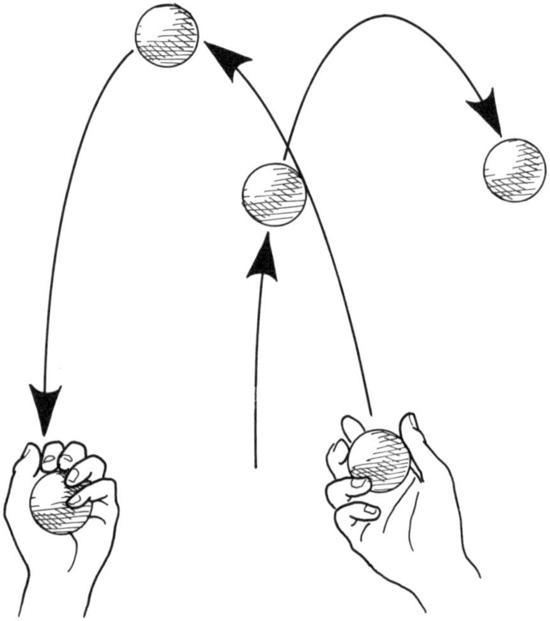

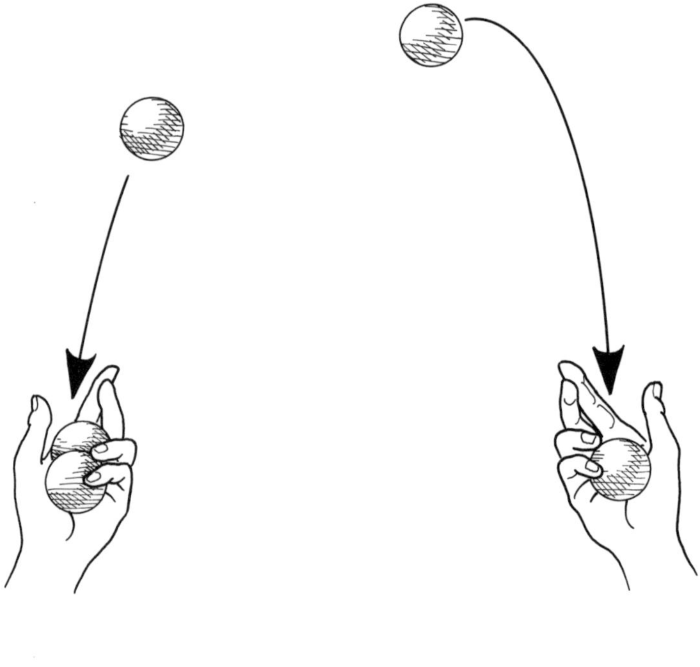

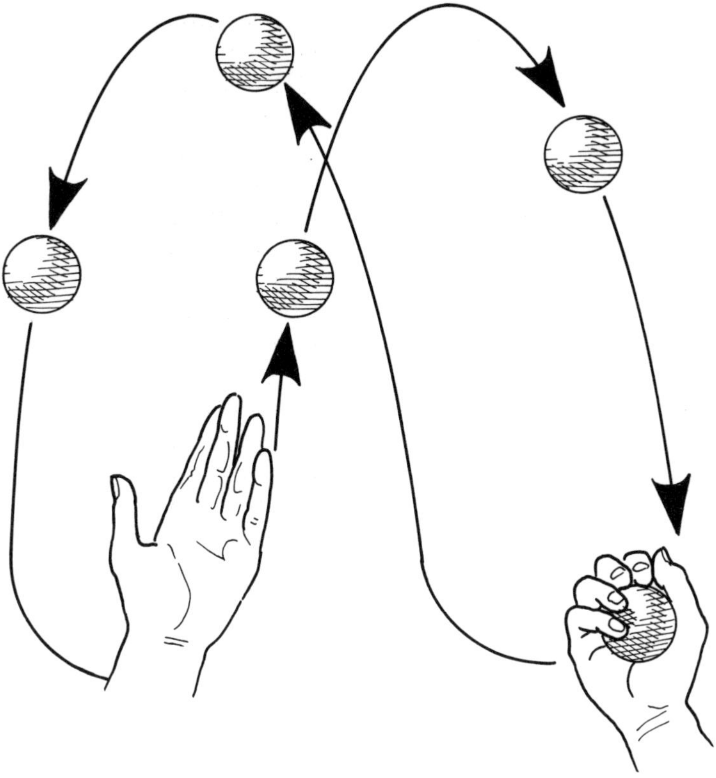

Tips:

- Du mußt lange, lange üben, genau zu werfen.
- Wirf breit, sonst stoßen die Bälle zu leicht zusammen.
- Denke daran, daß dieses Muster so gleichmäßig wie das Dreiballmuster ist. Der einzige Unterschied ist die Geschwindigkeit.
- Setze vor jeder Übungsstunde fest, wie viele Würfe mit geregeltem Abschluß du schaffen willst. (Z. B.: Heute 3 × hintereinander 8 Würfe)
- Mache, bevor du dein Tagesziel erreicht hast, keine Pause.
- Hab Geduld!
- Du wirst merken, ob du bis jetzt deine linke Hand genügend trainiert hast.
- Gehe anfangs beim Üben ruhig spazieren und benutze Stoffbälle.

Übungen:

- ○ Variiere das Muster in Höhe und Breite. (20 Würfe)
- ○ Wenn du dich sicher fühlst, jongliere mit rohen Eiern. Achtung: Fange die Eier besonders vorsichtig! (15 Würfe)
- ○ Benutze Kunststoffbälle. (30 Würfe)
- ○ Benutze große Kunststoffbälle. (Durchmesser 10 cm) (25 Würfe)
- ○ Benutze Stachelbeeren. (20 Würfe)
- ○ Jongliere eine Viertelstunde lang die Fünfballkaskade und stelle einen Hut auf. Wenn du unter 1 DM bekommst, dann hat dich entweder keiner gesehen, oder du bist nicht faszinierend genug. Du kannst deinen Zuschauern auch sagen, daß die Gefahr besteht, daß du nicht faszinierend genug bist, dann hast du die Märkergrenze höchstwahrscheinlich bald überschritten.

Addendum

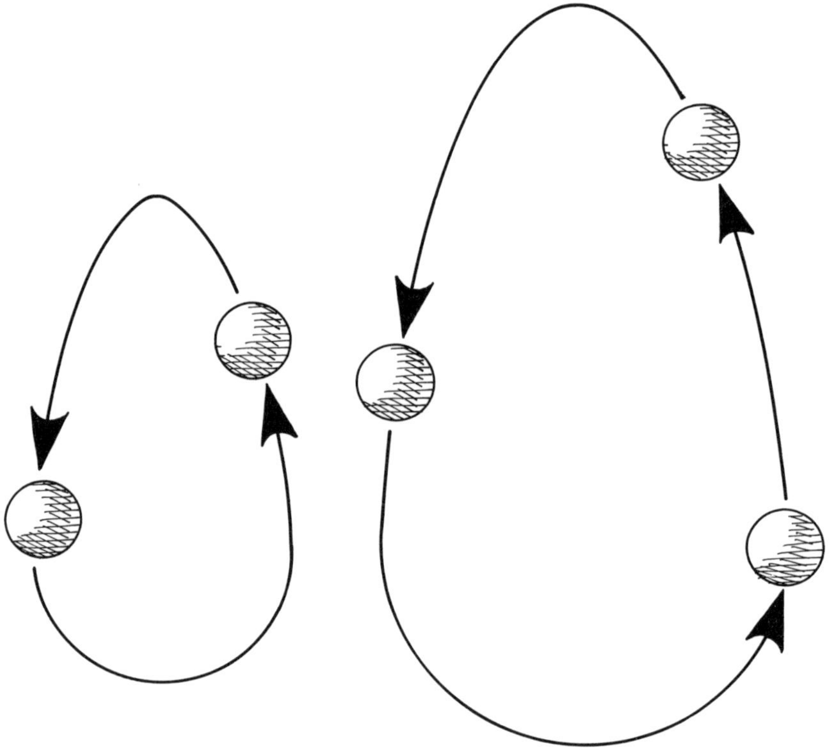

1. Wenn du viel übst, kannst du in der linken Hand das Eiwerfen jonglieren und in der rechten Hand gleichzeitig drei in einer Hand. Dabei wirst du wahrscheinlich leichte Rhythmusprobleme bekommen. Zum Trainieren kannst du zuerst einmal üben, mit der linken Hand Achtelnoten und mit der rechten Hand Triolen zu klopfen.

2. Jongliere die große Wippe mit fünf Bällen, indem du den Doublewurf so manipulierst, daß beide Bälle des Doublewurfes wieder in die Wurfhand zurück fallen.

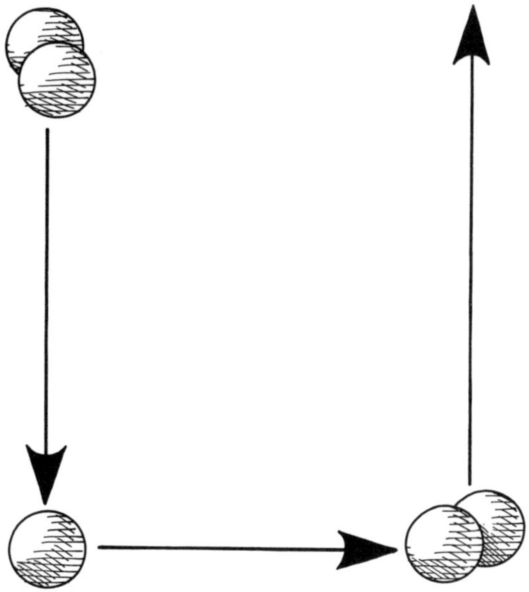

3. So manipuliert kann man natürlich auch die Dreiballsäulen jonglieren.

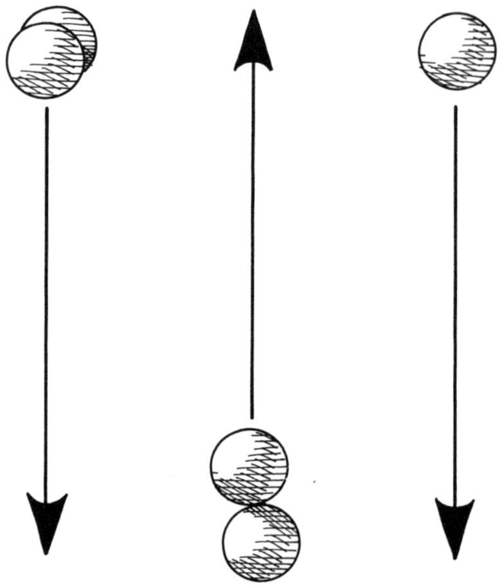

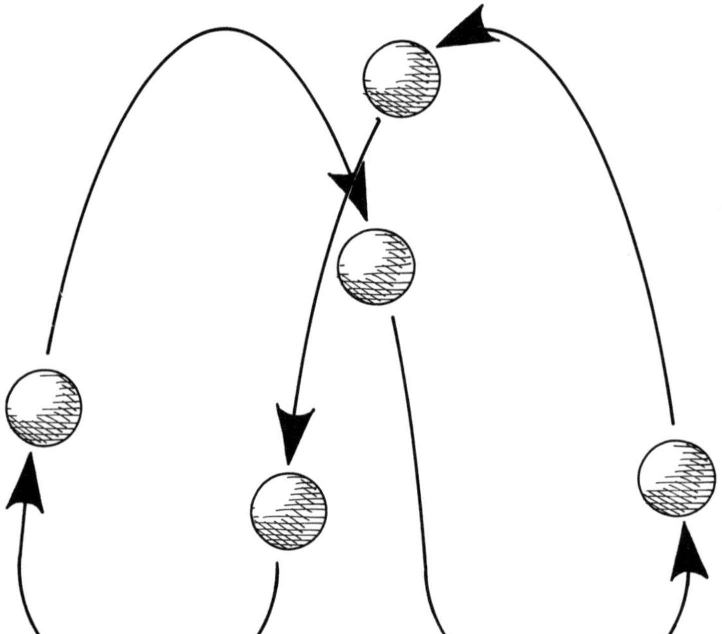

4. Jongliere die Rückwärtskaskade mit 5 Bällen.

5. Kralle die Fünfballkaskade. (Kein sehr schönes Muster)

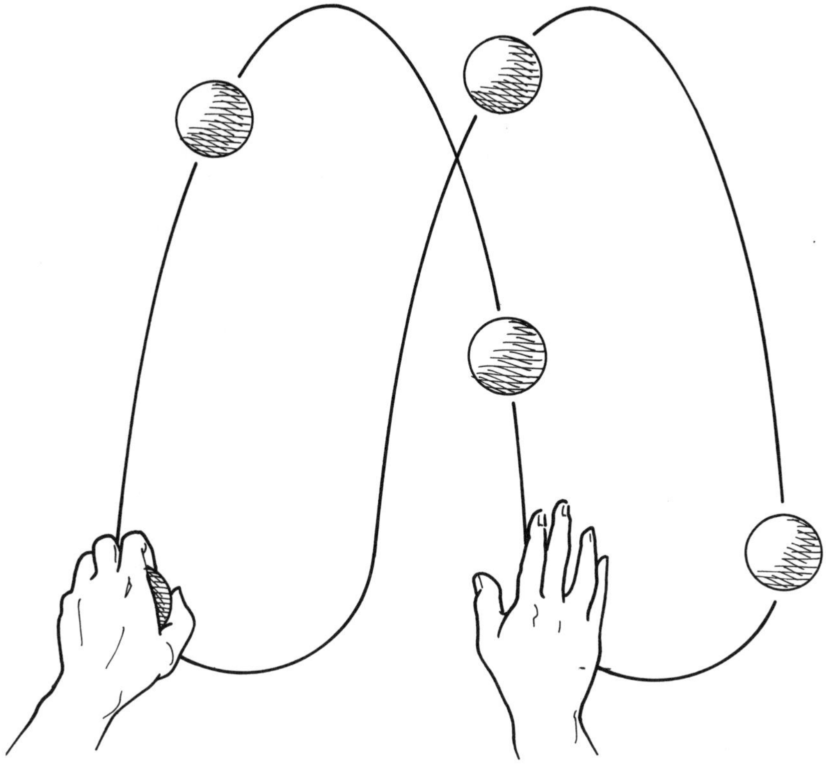

6. Man könnte auch versuchen, die Fünfballkaskade sowie die Fünfballrückwärtskaskade mit gekreuzten Armen zu jonglieren.

7. Alle Kunststücke und Pausenmuster sind mit der Fünfballjonglage verknüpfbar.
   Z. B.:
   - Jongliere das Grundmuster und mache fünf Bein- und fünf Schulterwürfe.

○ Jongliere das Fünferdouble und wirf fünf Würfe hinter dem Rücken durch.

○ Jongliere den Fünfballshower und wirf einen Ball wie beim Karussell hinter dem Rücken vorbei.

○ Jongliere das Grundmuster über dem Kopf.

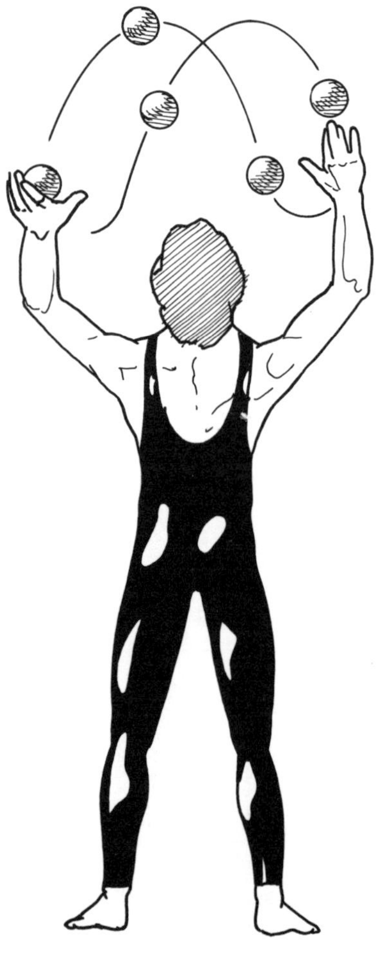

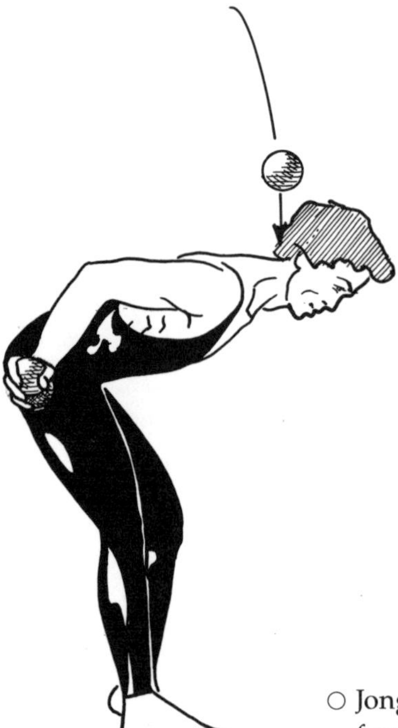

○ Jongliere das Grundmuster und fange den letzten Ball im Nacken.

○ Jongliere das Fünferdouble und fange den letzten Doublewurf so, daß du die Ausgangshaltung für das Handrückenwechselmuster einnimmst, wechsle den Platz und jongliere weiter.

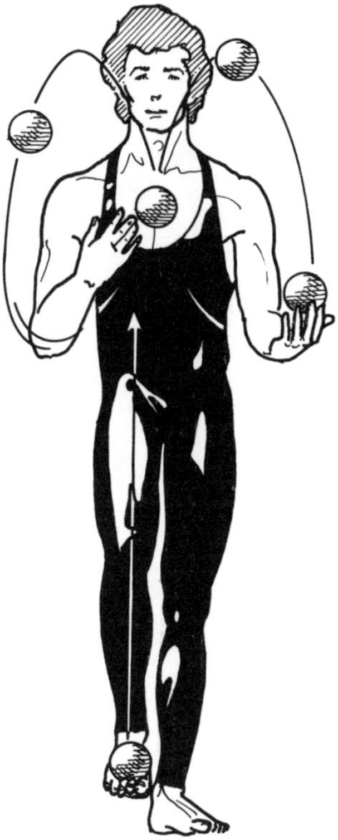

○ Wirf aus dem Grundmuster einen Ball in die Fußmulde und jongliere mit vier Bällen weiter. Kicke den Ball wieder zurück.

○ Beginne die Fünfballkaskade so, daß du eine Bombe aus rechts und sofort danach eine Bombe mit links wirfst und weiterjonglierst.

8. Das Fünfapfelessen kann ich nicht empfehlen, denn dabei ist das Risiko zu groß, sich die Schneidezähne auszuschlagen.

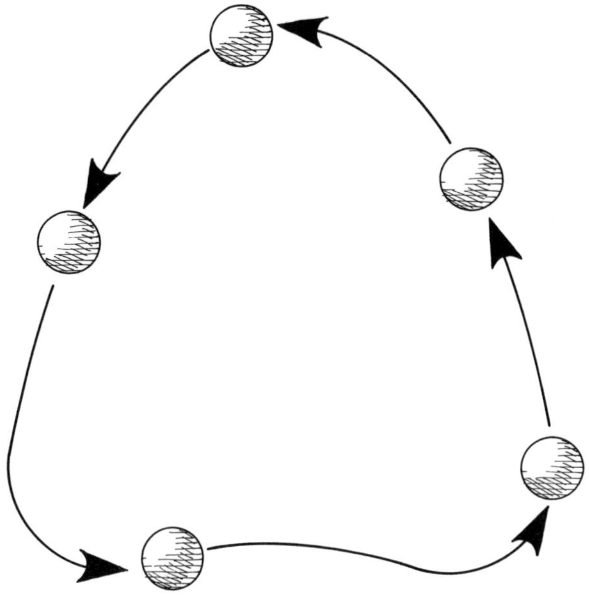

9. Jongliere den Shower
mit fünf Bällen.

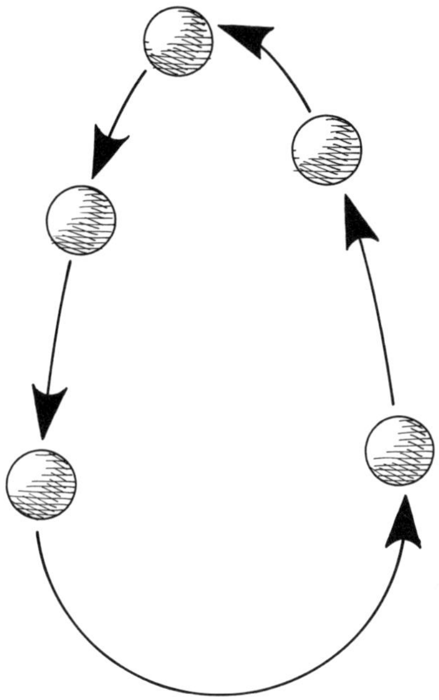

10. Der Knüller:
fünf Bälle in *einer* Hand.

11. Jongliere die Fünfballkaskade als Orangjonglage.

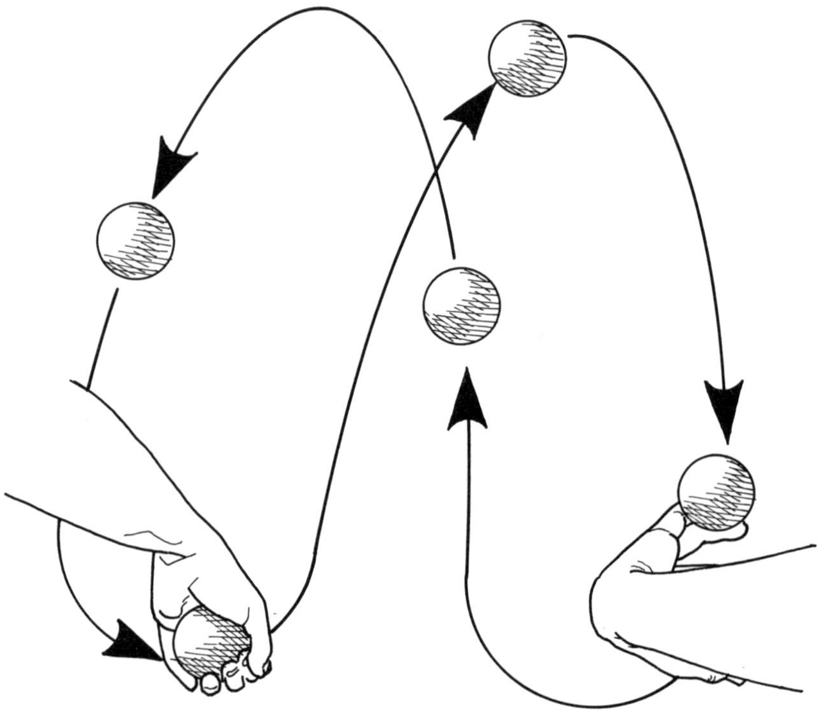

12. Lasse alle Bälle aus der Fünfballkaskade über den Kopf rollen. (Fast unmöglich)

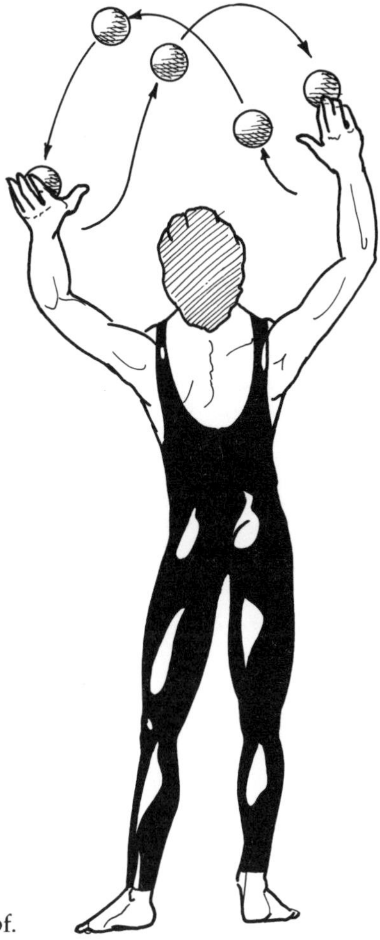

13. Jongliere fünf Bälle über dem Kopf.

Du siehst, die Balljonglage ist unendlich variierbar. Deshalb kann einem Jongleur nie langweilig werden, denn man weiß immer, was man noch üben kann.

Wahrscheinlich sind einige auf der Strecke geblieben und haben erst einmal die anderen Jongliervarianten wie Keulen, Diabolo, Devil Stick, Einrad usw. erlernt, aber denen, die sich bis hierhin fast lückenlos durchgekämpft und geübt haben, kann ich gratulieren. Das kann sich auf vielen Bühnen sehen lassen. Jetzt fehlt vielleicht nur noch eine Nummer und die passende Musik, dann geht's ans Geldverdienen.

Ausgezeichnet!

Test

1. Jongliere die Fünfballkaskade. (30 Würfe)
2. Jongliere das Fünferdouble. (50 Würfe)
3. Jongliere mit fünf Bällen die Dreiballsäulen. (20 Würfe)
4. Jongliere während einer Fünfballjonglage fünf Pausenmuster.
5. Jongliere während einer Fünfballjonglage fünf Kunststücke.
6. Jongliere den Fünfballshower. (10 Würfe)

9. Partnerjonglage

Sobald du etwas jonglieren kannst, willst du es auch deinen Freunden, deiner Familie, Geschwistern usw. beibringen. Nach mühsamen Lehrerstunden hast du dann wieder etwas dazugelernt (Geduld und pädagogisches Feingefühl), und du kennst jemanden, der auch zumindest die Kaskade mit drei Bällen jonglieren kann. Dann will man natürlich auch mal zu zweit jonglieren. Für die Partnerjonglage gibt es viele schöne Muster, von denen die ersten auch noch wunderbar einfach sind:

Plündern (2 Jongleure)

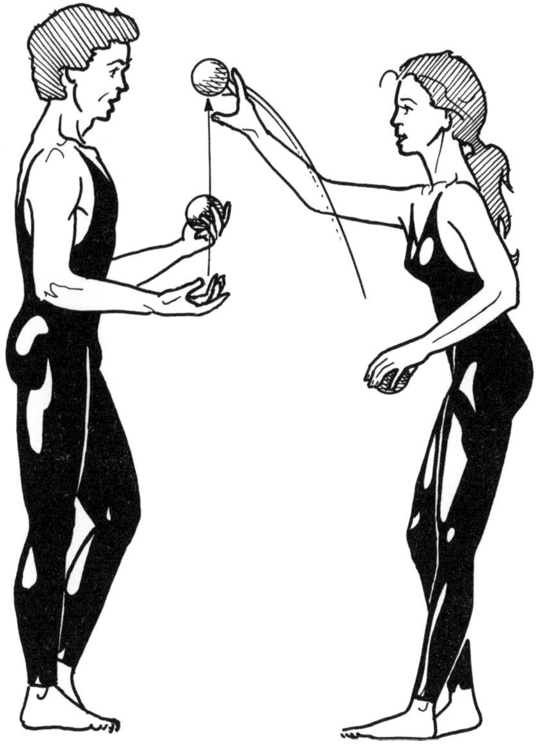

Beide Jongleure sollten die Kaskade recht sicher können. (Je 30 Würfe)

Der erste Jongleur hat drei Bälle und beginnt, die Kaskade zu jonglieren. Er sollte dabei langsam, gleichmäßig und hoch werfen. Der andere Jongleur stellt sich dem ersten in 1 m Abstand genau gegenüber und achtet auf alle Bälle, die aus der rechten Hand des Gegenübers fliegen. Dann sucht er sich einen Ball aus, und wenn dieser aus der rechten Hand des Gegenübers losgeflogen ist, dann greift er sich diesen mit seiner rechten Hand, indem er in die Jonglage des Gegenübers hineingreift, den Ball schnappt und die Hand schnell wieder zurückzieht. Der erste Jongleur darf sich dadurch nicht beirren lassen und wirft mit links den nächsten Ball los, diesen muß der andere Jongleur mit seiner linken Hand kurz nach dem Abwurf ergreifen. Wenn der erste Jongleur seinen letzten Ball losgeworfen hat, wirft der andere Jongleur seinen in der rechten Hand befindlichen ersten Ball los, greift mit dieser Hand den letzten Ball aus der anderen Jonglage heraus und jongliert für sich selbst eine Kaskade mit den drei Bällen des ersten Jongleurs weiter. (100 ×)

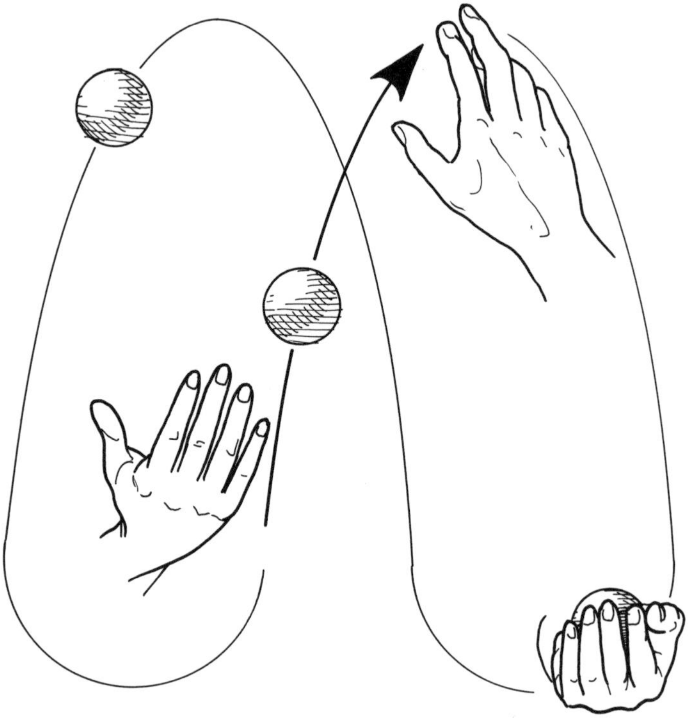

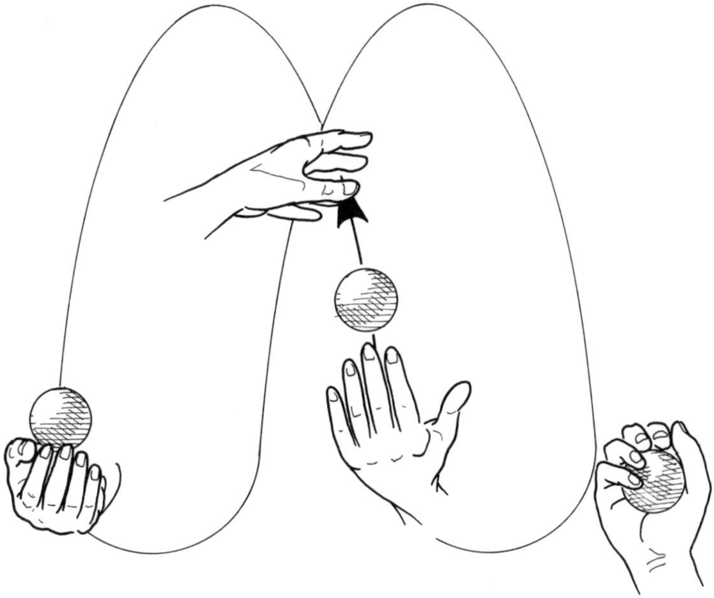

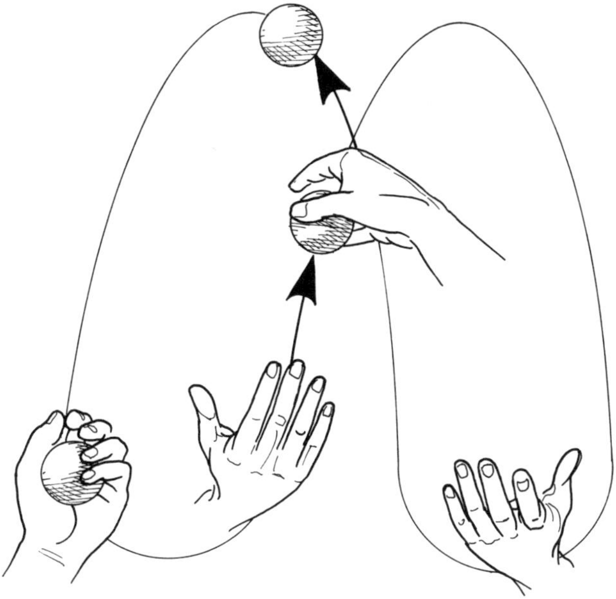

Tips:

- Der erste Jongleur muß am Anfang besonders hoch und gleichmäßig werfen, damit der zweite Jongleur genügend Zeit hat, die Bälle herauszuplündern.
- Derjenige, der plündert, muß sehr schnell sein und darf seine Hände nicht zu lange in der Jonglierebene des anderen lassen, da sie sonst mit den folgenden Bällen kollidieren.
- Wichtig für den zweiten Jongleur ist, daß er während des Plünderns nicht vergißt, seinen zuerst geplünderten Ball loszuwerfen, bevor der letzte Ball geplündert wird, denn sonst entsteht eine Pause.
- Die Bälle fliegen ununterbrochen im Muster der Jonglage, nur die Jonglierebene wird dabei gewechselt!
- Nehmt am Anfang verschiedenfarbige Bälle.

Übungen:

- ○ Derjenige, der plündert, krallt die Bälle aus der Jonglage heraus. (10 ×)
- ○ Der erste Jongleur wirft dem zweiten Jongleur die Bälle zu (mit rechts beginnen). (20 ×)
- ○ Wenn der zweite Jongleur die Bälle geplündert hat, versucht der andere, ihm die Bälle wieder abzunehmen. (20 ×)
- ○ Geht dabei spazieren, oder derjenige, der gerade jongliert, zeigt so lange sein Können, bis der andere wieder plündern will. (30 ×)
- ○ Stellt euch in einem Abstand von 3–20 m auf und werft euch die Bälle gegenseitig zu. (15 ×)

Plündervarianten (ab 2 Jongleuren)

1. Stellt euch nebeneinander und plündert die Bälle so, daß die Bälle aus der rechten Hand des ersten Jongleurs von der linken Hand des zweiten Jongleurs und die Bälle aus links mit der rechten Hand geplündert werden. Achtet darauf, euch nicht zu sehr ineinander zu verheddern. (20×)

2. Stellt euch hintereinander und werft euch die Bälle so zu, daß der vordere Jongleur die Bälle hinter sich wirft und der hintere Jongleur die Bälle über den ersten Jongleur hinüber und ihm in die Hände wirft. Dabei muß er ihm aber irgendwie vorher Bescheid geben, damit der vordere Jongleur weiß, wann die Bälle kommen. Dabei kann man die Bälle gerade oder gekreuzt nach hinten werfen. D. h., einmal kommen alle Bälle aus rechts in die rechte Hand des Partners, und einmal kommen alle Bälle aus rechts in die linke Hand des Partners. (30 ×)

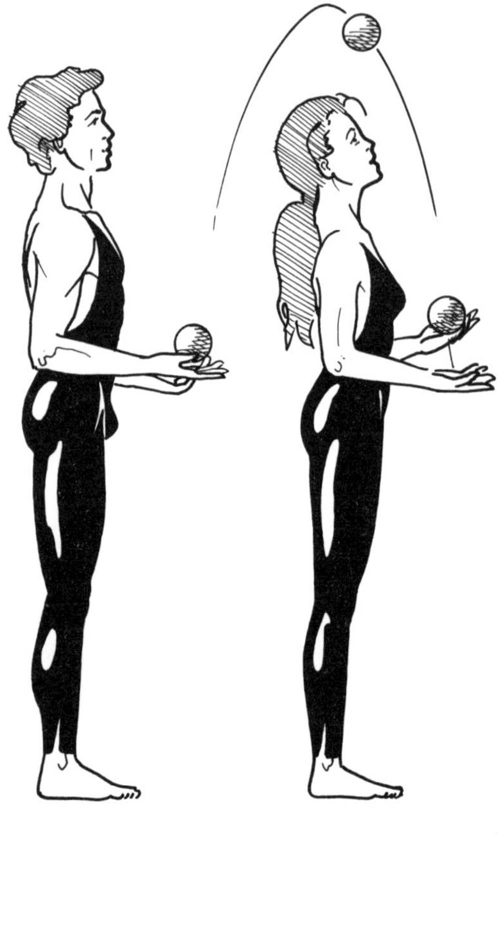

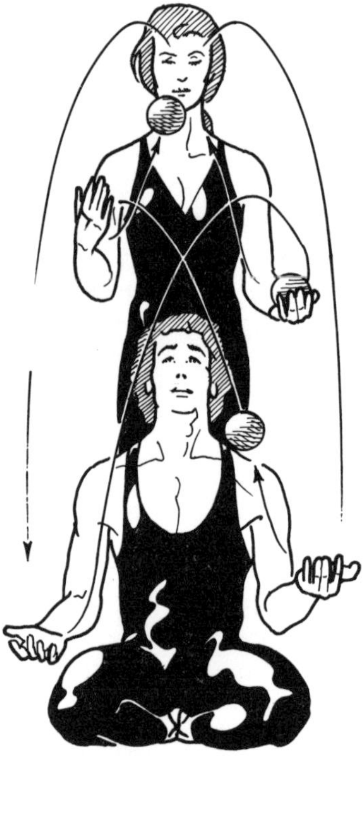

3. Der erste Jongleur kniet auf dem Boden, und der andere steht direkt hinter ihm (fast über ihm). Nun werft euch die Bälle zu! Von unten nach oben und von oben nach unten. Dabei kommen alle Bälle aus rechts in die linke Hand des Partners und alle Bälle aus links in die rechte Hand des Partners. (40 ×)

4. Ein Jongleur steht breitbeinig, und der andere liegt auf dem Rücken unter ihm, so, daß die Hände des liegenden Jongleurs in der Jonglierebene des stehenden Jongleurs sind. Nun werft euch die Bälle zu. (50 ×)

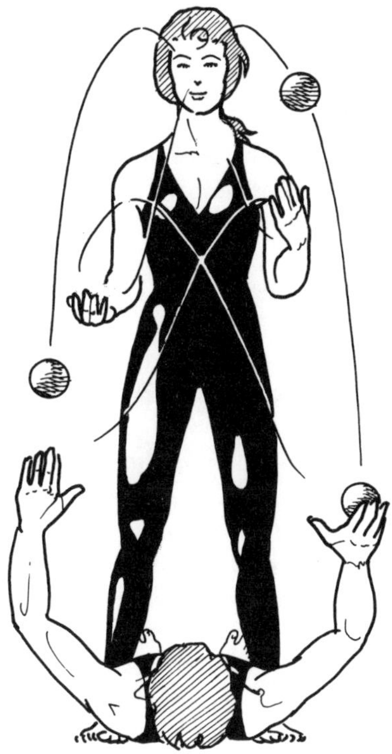

Tips:

- Plündert die Bälle so, als sei es selbstverständlich und furchtbar einfach (ist es ja eigentlich).
- Werft euch die Bälle präzise, gleichmäßig und gleich hoch zu, dann hat es der Partner einfacher.
- Stört euch mit den Händen so wenig wie möglich.

Übungen:

○ Jongliert das normale Plündern, dann dreht sich einer um und wirft die Bälle hinter sich, dann drehen sich beide um, und der zweite wirft die Bälle hinter sich. (7 ×)

○ Der vordere wirft die Bälle hinter sich, dann läuft der hintere jonglierend vor den anderen und wirft sie hinter sich ... (10 ×)

○ Sucht euch drei weitere Jongleure und stellt euch hintereinander auf. Der vorderste beginnt und wirft die Bälle hinter sich, der zweite jongliert und wirft sie hinter sich, der letzte läuft jonglierend nach vorne und beginnt von vorne. (3 Runden) Zwischendurch kann sich auch einer umdrehen und die Bälle richtig herausplündern, oder einer kniet sich hin und wirft sie über sich...

- ○ Ein Partner wirft die Bälle mit einem Flash dem anderen Partner zu. (20 ×)
- ○ Der Parnter plündert die Bälle, während eines Bocksprunges über den anderen Partner. (5 ×)
- ○ Einer plündert die Bälle, während er durch die Beine des Partners durchkriecht. (5 ×)
- ○ Verbindet alle Plündervarianten miteinander. (80 Plündereien)

Partnerkaskade (2 Jongleure)

Stellt euch Schulter an Schulter und legt euch gegenseitig die sich berührenden Arme auf die Schulter und um die Hüfte. Die äußeren Arme müssen hängen bleiben. Der rechts stehende Jongleur bekommt in seine rechte Hand zwei Bälle, der links stehende Jongleur bekommt in seine linke Hand einen Ball. Nun beginnt die Kaskade zu jonglieren. (50 Würfe)

Tips:

- Stellt euch vor, ihr wäret *EIN* Jongleur.
- Steht am Anfang sehr dicht beieinander.
- Wirf die Bälle so genau, daß dein Partner dir nicht auf die Füße treten muß, um an den Ball noch heranzukommen.
- Rhythmusgefühl erleichtert diesen Trick ungemein.

Übungen:

○ Jongliert die Rückwärtskaskade, Federball, zwei in einer Hand, Puppenspiel, Säulen, Krallen, die Kunststücke und Pausenmuster, Puppenspiel mit Handwechsel, Blizzard (schwer), das Apfelessen (wenn der eine einen vollen Mund hat, ißt der andere weiter), drei in einer Hand, Kopfroller, Orangjonglage, Retterkaskade, sämtliche Muster der Vierballjonglage, sämtliche Muster der Fünfballjonglage. (Davon 15 Muster à 10 Würfe)

Ganz schön viele Übungen, nicht?

○ Stellt euch etwas weiter auseinander. Jeder hat drei Bälle. Passt euch die Bälle so zu, daß der rechte Jongleur seine Bälle aus rechts in hohem Bogen in die linke Hand des linken Jongleurs wirft und dieser seine Bälle aus rechts in kleinem Bogen nach rechts in die linke Hand des Partners wirft.

○ Stellt euch gegenüber und jongliert die Kaskade, indem der eine nur seine rechte Hand benutzt und der andere nur seine linke ... Der erste beginnt mit zwei Bällen in der rechten Hand, wirft einen los ... (10 Würfe)

○ Probiert es mit den beiden anderen Händen. (15 Würfe)

○ Nehmt sechs Bälle und jongliert gleichzeitig parallel nebeneinander zweimal die Kaskade, indem der erste Jongleur zwei Bälle parallel loswirft, dann der zweite Jongleur zwei darunter hindurch dem anderen zuwirft ... Die Flugbahnen der beiden Kaskaden schneiden sich nicht. (20 Würfe)

○ Wenn ihr das könnt, jongliert die einzelnen Kaskaden zeitlich versetzt. (14 Würfe)

6er-Passing (2 Jongleure)

1. Der erste Jongleur nimmt drei Bälle. Der zweite stellt sich ihm gegenüber in etwa 3–5 m Abstand auf. Der erste beginnt die Kaskade zu jonglieren und sucht sich dabei einen Ball aus. Wenn dieser in der rechten Hand landet, wirf ihn in die linke Hand des Partners. Nun wirf jeden Ball, der in der rechten Hand landet, in die linke Hand des Partners. (Es sind nur noch 2 Bälle.) Dieser fängt den ersten Ball in der linken Hand. Wenn der zweite Ball ankommt, wirft er den ersten Ball in seine rechte Hand und fängt den zweiten Ball mit links. Kurz bevor der dritte Ball des ersten Jongleurs kommt, wirft der zweite Jongleur den Ball der linken Hand zur

rechten, fängt den dritten Ball mit links und beginnt mit den drei Bällen weiterzujonglieren. Nun beginnt er wieder von vorne und wirft seine Bälle in der Reihenfolge wieder zum ersten Jongleur zurück. (25 ×)

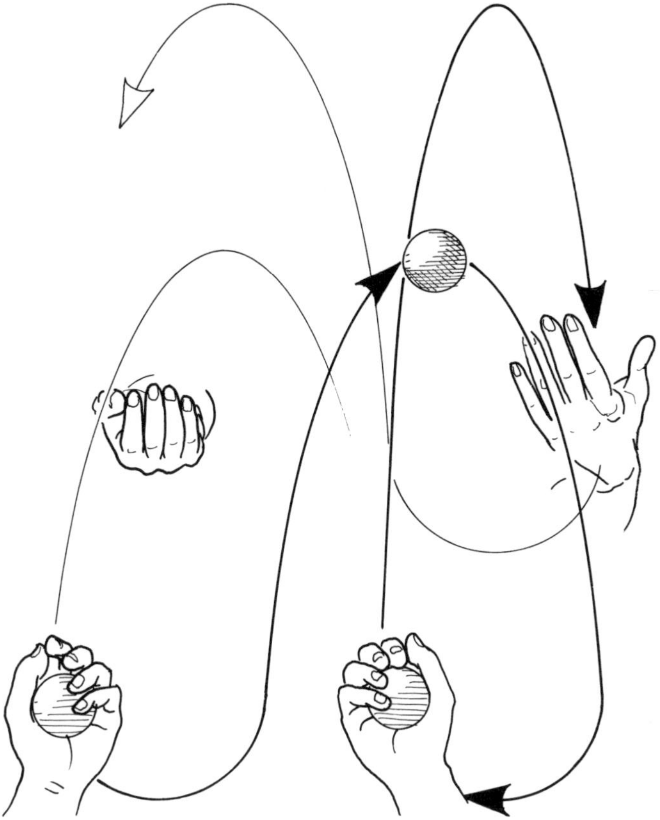

2. Jetzt nimmt jeder drei Bälle und beginnt gleichzeitig und im gleichen Rhythmus 30 Würfe zu jonglieren. (10 ×)
3. Irgendwann fängt einer von euch an zu zählen, und zwar zählt er laut bei jedem Wurf (aus rechts): «eins, zwei, drei, vier, Pass, eins, zwei, drei, vier, Pass...» Bei «Pass» werft ihr beide jeweils den Ball aus der jeweiligen rechten Hand in die linke Hand des Partners, fangt den ankommenden Ball mit links und jongliert mit ihm weiter, als sei nichts gewesen. (20 Passwürfe)

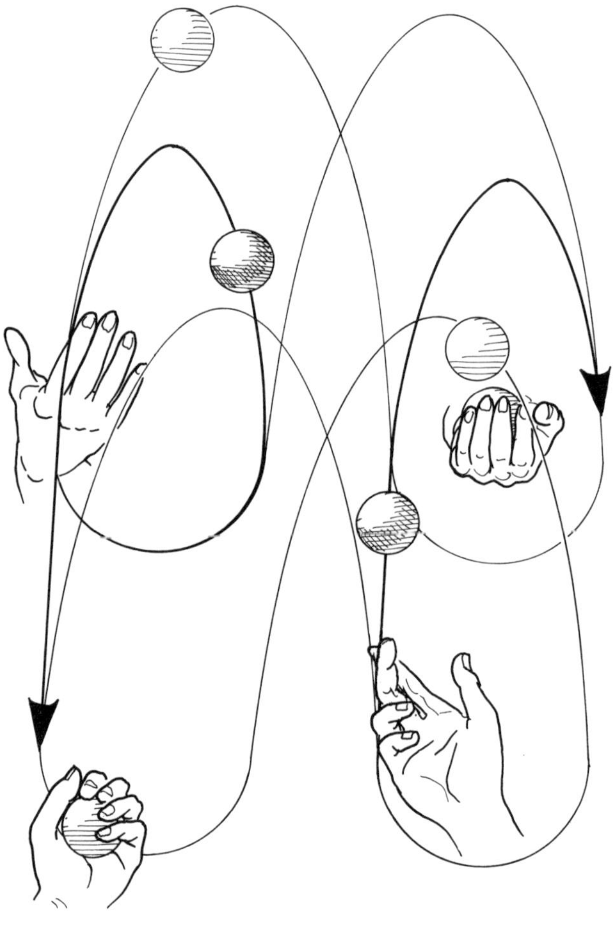

Tips:

- Unglaublich wichtig ist, daß ihr beim Passen den gleichen Jonglierrhythmus habt, denn sonst kommt der Ball des Partners immer zu früh oder zu spät angeflogen. Achtet, bevor ihr anfangt zu zählen, darauf, daß das Klatschen der Bälle beim Landen in den Händen bei euch beiden zur gleichen Zeit zu hören ist.
- Es ist sehr hilfreich, wenn man am Anfang die Jonglage sehr ruhig und langsam macht und auch während des Passens nicht schneller wird, da man dann genügend Zeit hat, sich auf das Fangen des ankommenden Balles zu konzentrieren. Man wird während der Jonglage nicht schneller, wenn man alle Bälle aus links immer hochwirft.
- Derjenige, der zählt, muß laut und deutlich zählen.
- Um gleichzeitig anzufangen, gibt es einen Trick: Hebt, bevor ihr anfangt zu jonglieren, beide die rechte Hand zur rechten Schulter, dann nehmt beide gleichzeitig die Hände wieder herunter und fangt, wenn sie unten sind, gleich an zu jonglieren. Dabei müßt ihr euch ansehen. Übt das ein paarmal, und dann nehmt diesen ersten Wurf auch als «eins» beim Zählen, dann könnt ihr nachher das laute Zählen weglassen.

Übungen:

- Hört auf, laut zu zählen, und jeder zählt für sich. Man muß natürlich vorher sagen, bei welchem Wurf gepasst wird. (Das ist der sogenannte Takt: bei jedem 4. Wurf ein Pass = Vierertakt, bei jedem Wurf ein Pass = Einertakt.)
- Verändert die Anzahl der Würfe, die zwischen den einzelnen Passwürfen ist. Setzt euch ein Ziel, z. B.: Heute schaffen wir 20 Passwürfe bei Passwurf bei jedem 3. Wurf. (Globalziel: 50 Passwürfe Einertakt)
- Passt besonders hoch, besonders weit oder besonders schnell. (30 Passwürfe)
- Werft eure Passwürfe immer unterm Bein hindurch. (15 Passwürfe)
- Werft eure Passwürfe immer über die Schulter zum Partner. (Stellt euch dabei etwas dichter) (10 Passwürfe)
- Werft einen Pass nicht mit rechts, sondern schon mit links los. Aber Achtung: Der Ball muß trotzdem zum richtigen Zeitpunkt in der rechten Hand des Partners landen, also werft diesen Ball besonders hoch. Achtet darauf, daß ihr durch diesen eigentlich unrhythmischen Wurf nicht aus dem Takt kommt, dann wäre alles verloren. (10 ×)

- Denkt daran: Fällt ein Ball herunter, nicht aufhören, sondern aufheben und im richtigen Moment weiterpassen und sich wieder am Rhythmus des Partners orientieren. Den Partner darf so etwas nicht stören.
- Macht nach jedem Passwurf eine Pirouette. (5 Passwürfe)
- Stellt euch Rücken an Rücken und passt gerade über die Schulter von der eigenen rechten Hand in die linke Hand des Partners. (10 Passwürfe)
- Stellt einen Zuschauer zwischen euch und passt ihm die Bälle um die Ohren. (30 Passwürfe)
- Nehmt nur fünf Bälle (einfach). Derjenige mit dreien fängt an und wirft einen Ball von rechts in die linke Hand des Partners, dieser wirft, bevor der Ball angekommen ist, den in der Hand liegenden Ball diagonal in die linke Hand des Ersten. Der wirft vorher aus seiner linken in die rechte des Gegenübers. Kommt dieser Ball nun an, wirft der Gegenüber seinen Ball aus rechts wieder diagonal in die rechte Hand des Ersten. (30 Würfe)

  Der eine Jongleur wirft immer geradeaus, der andere wirft immer diagonal.

Kreispassing (ab 3 Jongleuren)

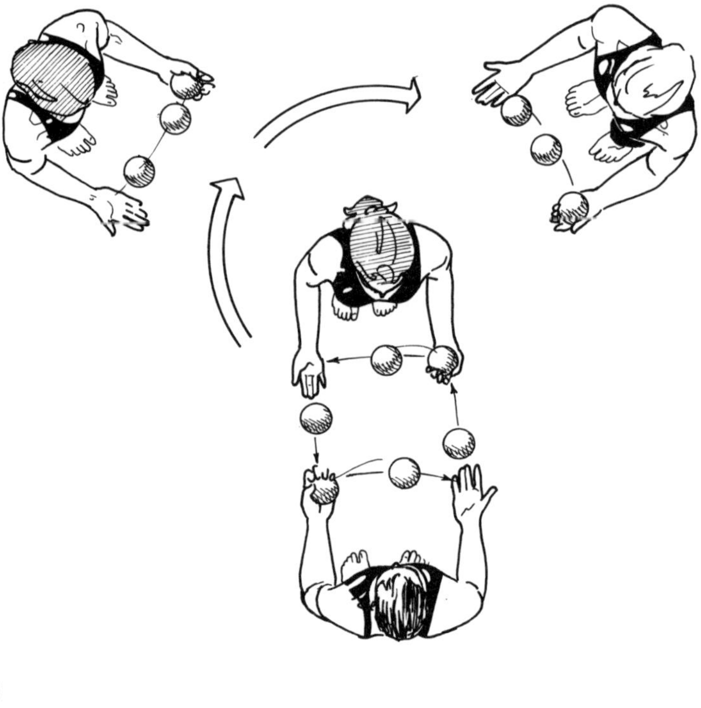

Ein Jongleur (Chef) stellt sich in die Mitte, und die anderen stellen sich um ihn herum in einem Kreis so auf, daß sie ihn sehen können. Jeder Jongleur hat drei Bälle. Auf Kommando des Chefs beginnen alle im gleichen Rhythmus zu jonglieren. Der Chef sucht sich einen der um ihn Herumstehenden aus und fängt an zu zählen. Alle anderen Jongleure jonglieren natürlich weiter. Bei »5» wird möglichst mit Augenkontakt gepasst, aber weitergezählt. Denn bei der nächsten «5» passt der Chef zum Nächsten in der Reihe und bekommt natürlich auch einen Ball zurück. Je nachdem, wieviel Jongleure auf dem Kreis stehen, wird so lange gepasst, bis das Ende der Reihe erreicht ist. Dann wird der Reihe nach wieder zurück gepasst, es sei denn, die Umstehenden bilden einen Vollkreis. Dann passt der Chef so lange, bis der nächste will.

Der Chef sucht sich nun vor jedem Pass einen Partner aus, nennt ihn und passt. Dabei müssen alle anderen Jongleure gut aufpassen.

Tips:

- Jongliert anfangs sehr langsam.
- Stellt vor jedem Pass immer Blickkontakt her.
- Steht nicht zu eng, sonst bringt ihr eure Nachbarn durcheinander, wenn ihr einmal vom Chef einen etwas ungenauen Ball retten müßt.
- *OBERSTES PRINZIP:* Nie aufhören, sondern immer sofort aufheben und weitermachen, wenn ein Ball hinunterfällt.

Übungen:

- Der Chef zwinkert nur noch seinem auserwählten Partner zu, dann folgt der Pass. Paßt ein Jongleur nicht auf, dann ist er der Chef und muß in die Mitte des Kreises.
- Besonderen Spaß macht es, wenn außer dem Passing zum Chef die Jongleure im Kreis sich nach Zuruf zupassen (außerplanmäßige Zwischenwürfe), um die Jonglage spannender zu machen. Das klappt am besten, wenn so viele Jongleure da sind, daß ihr einen geschlossenen Kreis um den Chef bildet. Dann könnt ihr neben und über den Chef nach Belieben passen.
- Wenn ihr gerade nicht an der Reihe seid, dreht euch um und führt andere Muster vor oder rennt an eine andere Stelle des Kreises.

- Jetzt gibt es vier Chefs, die Rücken an Rücken in der Mitte des Kreises stehen und sich bei jedem Pass etwas weiterdrehen. Voraussetzung dafür ist aber, daß der Kreis geschlossen ist, daß regelmäßig gepasst wird und daß einer nach dem anderen drankommt, also nicht auf Zuruf gepasst wird. Natürlich können auch die vier Chefs stehenbleiben und der Kreis sich drehen und dabei tanzen usw . . . (Schwer)
- Wenn ihr zu viele Jongleure seid, aber trotzdem kreisjonglieren wollt, dann wählt zwei Chefs, stellt sie Rücken an Rücken in die Mitte und eröffnet einen zweiten Kreis in ungefähr zwei Meter Abstand vom ersten Kreis. Nun passt der eine Chef immer zum inneren Kreis, der andere passt über den ersten Kreis hinweg zum zweiten Kreis. Das geht natürlich noch viel lustiger mit vier Chefs.
- Variationen sind möglich.

Kreuzpassing (4 Jongleure)

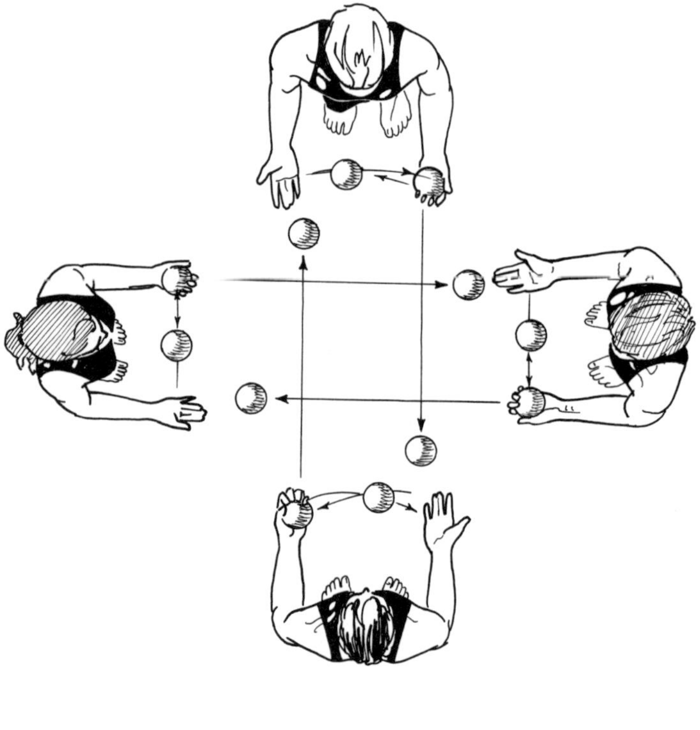

Jeweils zwei Jongleure stehen sich gegenüber und bilden so ein Kreuz. Jeder nimmt drei Bälle. Auf Kommando fangen alle gleichzeitig an zu jonglieren. Irgendwann fangen die jeweils gegenüberstehenden Partner an zu passen, aber so, daß sich die beiden Jonglagen nicht stören.

Tips:

- Vereinbart, daß das eine Paar anfängt und bei jedem zweiten Wurf passt und das andere Paar genau dazu versetzt jongliert, dann gibt es keine Zusammenstöße.
- Steht nicht zu dicht beieinander, aber auch nicht zu weit entfernt.

Übungen:

- Unterhaltet euch beim Jonglieren. Unterbrecht eure Unterhaltung nur durch ein kurzes «uuuund hep» für den nächsten Passwurf. Seht euch dabei ruhig in die Augen, es ist unhöflich, sich mit jemandem zu unterhalten, ihn aber nicht anzusehen!
- Das eine Paar passt ganz besonders hoch, das andere Paar passt besonders flach. (30 Passwürfe)
- Variiert wie beim Passing zu zweit die Wurfarten (unter dem Bein, Schulter...) (20 ×)
- Macht aus dem Kreuzpassing zwei einzelne Zweierpassings, indem ein Paar, während es weiter jongliert, aus dem Wurfbereich des anderen Paares herausläuft und sich dann passend daneben stellt. (3 ×)

Reihenpassing (3–5 Jongleure)

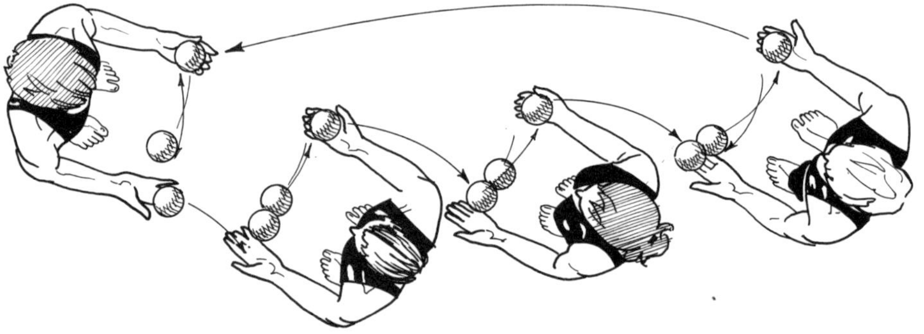

Ein Jongleur ist wieder der Chef, die anderen stellen sich, ihn anschauend, hintereinander in einer Reihe auf. Dann stellen sich die Jongleure der Reihe so auf, daß die rechte Schulter des Vordermanns genau vor der linken des Hintermanns ist und auch der letzte ohne Probleme an den anderen vorbei den Chef sehen kann. Nun geht's los: Auf Kommando beginnen alle zu jonglieren, und bei jedem vierten Wurf kommt ein Pass. Der Chef passt zum ersten der Reihe, dieser passt im selben Moment über seine Schulter zum Hintermann, der im selben Moment über seine Schulter zu seinem Hintermann gepasst hat. Der Letzte passt zurück zum Chef. Sämtliche Passings laufen zeitgleich mit dem Chef ab (auf Kommando).

Tips:

- Präzise Würfe sind der Schlüssel zum Erfolg, besonders bei den Würfen über die Schulter.
- Tempomäßige Alleingänge sind bei Partnerjonglagen fatal.

Übungen:

○ Vergrößert die Abstände in der Reihe auf 2 m.
○ Stellt euch nicht hintereinander auf und passt über die Schulter, sondern

stellt euch in einer Reihe nebeneinander und passt einfach von eurer rechten Hand in die rechts daneben liegende linke Hand des vormaligen Hintermannes. Der letzte passt wieder zum Chef.

- ○ Ihr könnt jetzt auf Kommando diese beiden Stellungen wechseln. (5 ×)
- ○ Stellt die Reihe so herum auf, daß der Chef dem hintersten Jongleur zupasst, dieser dann im selben Moment über die linke Schulter des Vordermanns in dessen linke Hand passt usw. und der vorderste Jongleur der Reihe dann in diesem Moment dem Chef den fehlenden Ball zurückpasst.

7er-, 8er-, 9er-Passing (2 Jongleure)

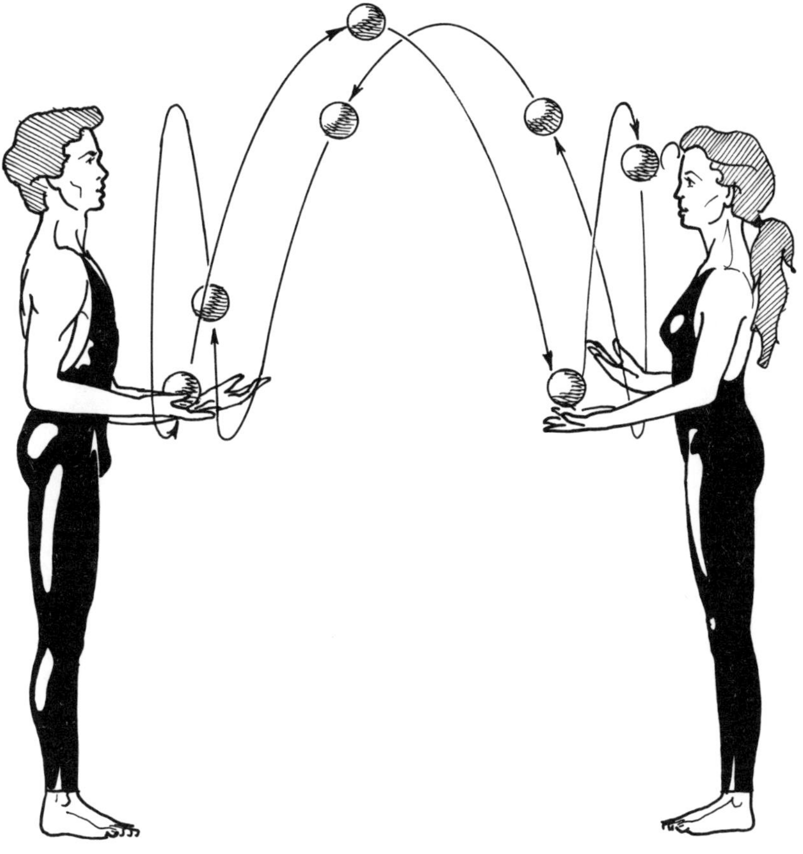

1. Ihr müßt das Passing mit 6 Bällen im Einertakt beherrschen, d. h. Passing bei jedem Wurf aus rechts in die linke Hand des Partners. (50 Passwürfe)
2. Nun nimmt der eine Partner vier Bälle, zwei in jede Hand, der zweite Jongleur nimmt wie üblich drei Bälle zur Hand. Derjenige mit den vier Bällen beginnt und wirft aus rechts seinen ersten Ball sehr hoch in Richtung linker Hand des Partners, also geradeaus. Dieser wirft nun genauso hoch einen Ball aus seiner Rechten in Richtung linker Hand des ersten Jongleurs. Er fängt also um einen halben Takt versetzt an zu passen. Ab jetzt wird jeder Ball, der in die rechte Hand kommt, in hohem Bogen zum Partner gepasst. Der Rhythmus ist schneller als beim 6er-Passing und versetzt.
3. Jeder Partner nimmt 4 Bälle. Der Rhytmus ist etwas schneller als beim 6er-Passing, aber ihr jongliert und passt im selben Takt wie beim 6er-Passing, d. h. gleichzeitig. Die beiden zusätzlichen Bälle fliegen in den Passing-Bahnen, die jetzt sehr viel höher sind als beim 6er-Passing. Das bedeutet: Eure Passings sind so hoch, daß genug Zeit ist, auf beiden Seiten 2 Bälle in der Luft zu haben.

Tips:

- Ihr müßt es einfach ausprobieren.
- Wer anfängt, wirft seine Passings höher als der andere. (Bei 7 Bällen)
- Derjenige Jongleur, der versetzt anfängt, muß sehr schnell reagieren können, denn der Rhythmus muß die ganze Zeit versetzt bleiben.
- Entspannt eure Muskulatur zwischendurch und jongliert normales 6er-Passing.

Übungen:

○ Wenn ihr euch sicher fühlt, probiert Würfe unter den Beinen und hohe Schulterpasswürfe aus. (Je 20)
○ Versucht, einen Ball aus links in die linke Hand des Partners zu passen, indem ihr diesen Ball, wenn er aus eurer linken Hand kommt, sehr hoch werft, damit er zeitlich wieder im Rhythmus (also etwas später) beim Partner ankommt. (Jeder 20 ×)
○ Jongliert das 8er-Passing mit Bein- und Schulterwurfpassing. (Je 10)

- Das 9er-Passing funktioniert wie das 7er-Passing, ist nur schneller, und die Passings sind höher.
- Das 10er-Passing funktioniert wie das 6er- und 8er-Passing, nur ist es nun schon sehr viel schneller und höher.
- usw.

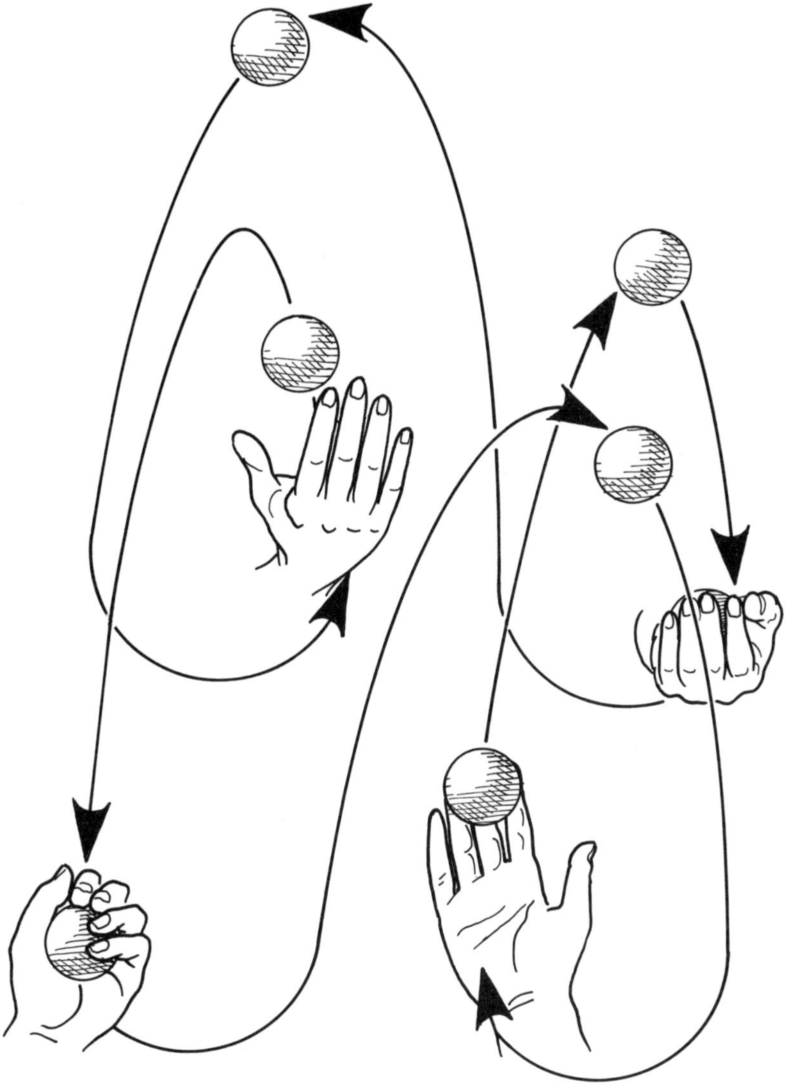

Test

Für 2 Jongleure.

1. Plündert euch auf drei verschiedene Arten je 5 × gegenseitig die Bälle.
2. Jongliert *ALS EIN JONGLEUR* die 10 einfachsten Dreiballmuster, die euch einfallen.
3. Zeigt eine Passingfolge mit: 5 × bei jedem 5. Wurf passen, 4 × bei jedem 4. Wurf, 3 × bei jedem 3. Wurf, 2 × bei jedem 2. Wurf und 10 Würfe lang bei jedem Wurf passen.
4. Bringt drei weiteren Leuten das Jonglieren bei und führt vor einem mindestens fünfköpfigen Publikum das Kreis-, das Reihen- und das Kreuzpassing mit jeweils mindestens 30 Passwürfen vor.
5. Jongliert vor Publikum zehn Würfe lang das 7er-Passing.

Daß hier jetzt nichts mehr steht, heißt nicht, daß es keine neuen Muster mehr gibt. Jetzt folgt jedoch nur noch eine Spezialisierung deines Jonglierstils in Richtung Akrobatik, Eleganz, Perfektion oder Komik, und da möchte ich dir keine weiteren Übungen vorschreiben.

Vielleicht ist es auch an der Zeit, daß du dich etwas den anderen Gefilden der Jonglierer ei widmest, die mitunter ausgesprochen reizvoll sind. Da wären z. B. die Keulenjonglage, die sich vor allem für die Partnerjonglage durchgesetzt hat, das Diabolo oder der Devil Stick, ein wirklich «teuflisches» Ding, und nicht zuletzt die Kunst des Einradfahrens.

Schaue dich in deiner Umgebung um und gucke dir etwas von anderen Jongleuren ab, lasse dir etwas zeigen und bringe ihnen dafür etwas anderes bei. Vor allem verbreite diese schöne Kunst unter deinen Bekannten, sie werden dir alle dankbar dafür sein. Traue dich auch aufzutreten, denn falsche Zurückhaltung schadet dem Selbstbewußtsein. Bei plötzlichen Aufforderungen wie: «Zeig doch mal, nun jonglier doch mal, mach doch mal...» hilft es sehr gut, wenn man eine kurze Nummer parat und sicher eingeübt hat. Hochachtung ist dir nach solchen Auftritten gewiß.

Nur noch eines: Ich hoffe, du jonglierst auch nach diesen Strapazen noch gerne und viel.

Viel Spaß weiterhin – und mache etwas aus deiner Kunst!

Die meisten haben schon einmal versucht, einen Ball ohne Bodenberührung auf Füßen, Knien, Kopf, Schultern und Genick zu jonglieren. Allerdings erreichen nur wenige die Fertigkeit von versierten Fußballspielern oder gar professionellen Ballartisten. Mark Steiger gehört zu den weltbesten Jongleuren, er tritt seit Jahren mit seiner Ballkunst weltweit auf. Hier präsentiert er einen Kursus für jeden, der an der Balljonglage Interesse hat, für Kleinkünstler und ebenso für jeden Fußballspieler, der mit diesem Kurs seine Technik verbessern kann.